中学校国語

論理的に考える子どもを育てる 説明文・文学の読み方指導

長谷川祥子
加賀谷いづみ
田邉泰
西山明人
渡辺真由美
編著

明治図書

はじめに

　本書は説明文と文学の読み方指導について、定番教材による授業の進め方を示しながら、説明している。説明文と文学との性質は全く異なるため、それぞれの学習内容を明確化することが重要である。説明文の読み方と文学の読み方には、基本的な学習事項がそれぞれあり、これらを系統的に繰り返し教えると、指導経験上、生徒の論理的思考力が育ち、読む力が確実に向上する。

　他教科と国語科とは、教科書の文章の役割が違う。社会科・理科等の教科書の文章は、語句・内容の一つ一つが学ぶべき知識となっているため、内容の列挙や整理を通して、知識を身につける学習指導を行う。これに対して、国語教科書は「話すこと・聞くこと」「書くこと」「読むこと」の能力を高める材料が掲載され、様々な文種の見本としての文章が集められた教材集である。国語科の教材は文字によって書かれた文章が中心で、その他には図・表・グラフ・絵・写真などがある。そのため、学習内容は授業活動に現れる。この考え方によって、本書は組み立てられ、日本語の語句や文章の特質を生かした読み方、授業の進め方を記述した。

　第1章の読み方の学習方法に基づき、第2、3章は定番といわれる説明文と文学を各学年2編ずつ並べ、4時間以内の学習内容をセリフで示した。追試験後、ご批判いただければ、幸いである。

二〇二四年五月

長谷川　祥子

本書の特色

小・中学校国語科は教科書ごとに、説明文、説明的な文章、説明する文章といった呼称が掲載されている。高等学校国語教科書は説明文という用語がほとんど使われず、実用的な文章や論理的な文章、評論と示されている。本書では、これらの呼称をまとめて、「論理的文章」とよぶことにする。

本書の特色は次のとおりである。

1　本書は、一貫した読み方指導を提案している。論理的文章の読み方では「文章構成」「段落とキーワード」「事実の書き方」を学習事項として重視している。それに対して、文学的文章の読み方では「作品の構成」「人物像の変化」「描写」という学習事項になっている。

2　各学年2編ずつ載せた論理的文章教材と文学的文章教材では、主な発問・指示・説明をセリフで示した。授業の発問等は授業者のセリフが学習効果を左右する。発問等をセリフで表記すると、その効果が安定するとともに、セリフがあることで、実際の授業の中で教材研究の成果を考えることができる。

3　第2、3章は、30数名程度の生徒が一斉学習している場面を設定して、説明している。読み方学習の基礎に一斉音読をおいて、授業の初めと終わりに取り入れている。

4　1教材にしか通用しない個性的かつ固有の読み方ではなく、他の教材にも活用できる、普遍性のある読み方指導を目指している。

目次

はじめに　3
本書の特色　4

第1章　文学的文章と論理的文章では、学習指導を明確に区別する　9

1　文学的文章と論理的文章は、性質が全く異なる　10
2　論理的文章は「書く」ために「読む」　11
3　国語科では文学的文章を「読む」授業の方が価値がある？　12
4　論理的文章を「読む」意義とは、論理的な考え方を身につけることである　13
5　日常生活では帰納論理の思考を働かせている　14
6　論理的文章教材の役目とは、具体と抽象的概念の関係を教えることである　15
7　論理的文章の種類　17
8　論理的文章の手本―寺田寅彦「『手首』の問題」―　18
9　報告の手本―立花隆『田中角栄研究』―　20

10 論理的文章の読み方の学習事項 22
(1) 論理的文章の読み方は科学論文の書き方指導書に学んだ
―「文章構成・段落とキーワード・事実の書き方」― 22
(2) 論理的文章の構成 23
(3) 段落とキーワード 25
(4) 事実の書き方 25
11 文学的文章を「読む」意義とは、作品を立体的に身につけようとすることである 26
12 文学的文章の読み方の学習事項 28
(1) 作品の構成 28
(2) 人物像の変化 28
(3) 描写 28
13 1教材を4時間以内で終える 29
14 生徒の感想 30

第2章　授業実践―論理的文章編―　31

各教材は、以下の構成で解説されています
1　教材の特徴　2　文章構成・作品の構成
3　学習目標　4　学習計画　5～　各時の学習

オオカミを見る目［1年　東京書籍］　32
ちょっと立ち止まって［1年　光村図書］　41
ガイアの知性［2年　教育出版］　50
モアイは語る―地球の未来［2年　光村図書］　60
作られた「物語」を超えて［3年　光村図書］　69
絶滅の意味［3年　東京書籍］　78

第3章　授業実践―文学的文章編―　87

少年の日の思い出
［1年　東京書籍・三省堂・教育出版・光村図書］　88
トロッコ［1年　三省堂］　98
走れメロス
［2年　東京書籍・三省堂・教育出版・光村図書］　109
坊っちゃん
［2年　東京書籍・教育出版／1年　光村図書／3年　三省堂］　119
故郷［3年　東京書籍・三省堂・教育出版・光村図書］　129
最後の一句［3年　東京書籍］　139

おわりに　150

第1章

文学的文章と論理的文章では、学習指導を明確に区別する

1　文学的文章と論理的文章は、性質が全く異なる

文学的文章と論理的文章では、それぞれの性質が全く異なる。そのため、文章ごとに学習方法と学習内容を明確化していくことが重要である。両者を対照させると、それぞれの性質の違いが明らかになり、文章ごとの学習方針を決めることができる。文章の種類・単語・文・文章の単位・文体・文章構成（形式）という項目ごとに、次のような表にまとめることができる。

項目／文章	文章の種類	単語	文	文章の単位	文体	文章構成（形式）
文学的文章	物語 小説 詩歌等	日常的な単語	実感表現のため、省略、婉曲等の表現技巧	場面	豊かな余韻 否定表現の尊重	江戸時代までは物語（はじめ・なか・おわり）・詩（五・七・五・七・七）等、形式が決まっていた。 明治以降は形式も個性の表現とみなして、定型を嫌う。
論理的文章	記録 報告 説明 論説	概念・定義の明確なキーワード	主語・述語・目的語等で成立する正確な構文	段落	明確に断定的な記述	文章構成が決まっている。「序論・具体的事例・考察・結論」

2 論理的文章は「書く」ために「読む」

文学的文章と論理的文章の学習内容を整理すると、次の表のようになる。

学習内容	教材を「読む」	文章の感想を「話す・聞く」	文章を「書く」「話す」
文学的文章	◎	◎	―
論理的文章	○（「書く」ための手本）	◎	◎

国語科授業では、文学的文章と論理的文章とは異なる機能や性質をもっているという考えから、学習過程を区別して設定する。語句と文章の説明や解説を重視していた学習から脱却する必要がある。

論理的文章は「読む」学習から、「話す・聞く」「書く」学習までを教材の特性に合わせて、効果的に組み合わせ、指導していくことが重要である。さらにいうと、論理的文章は「書く」ための「読む」学習指導が必須である。

それに対して、文学的文章は楽しく「読むこと」が大切である。文学作品を音読し、複数の学習課題の確認後、作品の感想を話し合って終わるという学習がのぞましい。文学作品の形式は自由で、個性的な表現を尊重する。そのため、文学的文章と論理的文章では書く目的や、目指す文章観が全く異なる。文学的文章を「話すこと」や「書くこと」は芸術の領域に含まれるため、国語科授業の範囲を超えている。これらは授業外の放課後の活動などで取り組むと、生徒は意欲的に参加できる。

3　国語科では文学的文章を「読む」授業の方が価値がある？

公立学校は年間指導計画等を各学校で作成し、教育委員会に提出している。ところが、実際の国語科授業は教員の裁量で単元・教材が教えられていることが多い。国語教科書をあまり使わず、自作教材で授業を進める教員もいる。社会や数学、理科、英語と違い、実力テストで国語科は指導に「もれ」があることで、生徒が解答できないという状況がほぼない（文法・古典を除く）。中学2年の数学で連立方程式は必ず教えるが、国語で「書くこと」の単元をとばす授業をしばしば見かける。

生徒の学習活動より教員の説諭を重視する先生にかぎって、教材研究を怠っている例がある。二、三十年前の指導方法が唯一の教え方だと確信し、新しい指導方法を学ぶ意欲がないようなベテラン教員は若手教員に自らと同様の指導を求めることがある。そのため、若手教員の指導が生徒の実態を無視した方向にいく。文章の解説をしているつもりで、先生が独りよがりの意見を述べている。それが特殊な解釈であるため、益々生徒は分からなくなるという悪循環を示している。

国語科の学習指導において、文学的文章の対立概念と位置づけられる論理的文章の指導研究は、一九六〇年代に入ってから、その指導の必要性が意識され始めた。文学的文章の指導研究に比べ、歴史が浅い。文章の解説を重視した教え方は、文学的文章の指導で散見され、特に、国語科の学習指導に熱心な中堅からベテラン教員でその傾向が顕著である。文学的文章の作品解説が、価値の高い指導だと考えているようである。

4 論理的文章を「読む」意義とは、論理的な考え方を身につけることである

小・中・高校生が論理的文章を「読む」意義の第一は、解釈の仕方を学ぶことではなく、論理的な考え方を身につけることである。論理的な考え方には帰納論理の思考と演繹論理の思考とがある。

滝沢武久（一九八四）は物事を構造的に把握する能力が全ての学習のきめ手となり、「そういう能力を思考力とよぶならば、思考力こそ学習能力の最も重要な成因をなす」（『子どもの思考力』岩波新書）という。論理的思考力は「発達段階を一歩一歩着実にたどること」によって伸び、「思考力の発達を思考の構造化の過程」と捉えることができるという。この考え方に沿って、国語科授業で育成する論理的思考力を捉えていくと、「思考の構造化の過程」とは、帰納論理の思考と演繹論理の思考とを段階的に身につけていくと想定することができる。

演繹論理とは、ギリシャ時代から使われた推論法で、賢者の豊富な経験による命題を出発点として推論を重ねる思考法である。近年、記号論理学として発達し、コンピュータに応用された。学校の教科では算数、数学が演繹論理を教えている。それに対して、十七世紀前半、イギリスのF・ベーコンは帰納論理の思考法を提唱した。この思考法は実験と観察とを重視している。多数の事例を集めて表や目録を作り、事実や現象の本質を把握しようとして、従来の演繹的三段論法を乗り越える方法として歓迎された。特に十九世紀以降、医学、物理学、自然科学研究の原動力となった。学校教育では国

語、社会、理科、技術・家庭、体育等の諸教科は帰納論理の思考によって教えている。

5　日常生活では帰納論理の思考を働かせている

日常生活の推論について、牧野悌也ら（二〇二一）によると帰納的推論と演繹的推論の二つに分けることができる（『科学的思考のススメ――「もしかして」からはじめよう――』ミネルヴァ書房）としている。帰納的推論は様々な場面で仮説を立てるときに、とても役に立つという。「具体例を並べ、『これらに共通して言えること』という見方によって、いろいろな可能性を引き出すことができる」と述べている。「観察事実から仮説を立てる場合はもっぱら帰納的推論」を使っている。さらに「街で買い物するときにも、ほとんど意識することなく帰納的推論を働かせている」という。

同様のことを渡辺一衛（一九九五）によれば、私たちは日常生活をはじめ、より科学的に見える天気予報や地震の予知の場合も、過去の経験の類推によって予測される性格が強く、「自然科学の知識はすべて、過去の経験を一般化したもの」（「帰納」の項目『新版　哲学・論理用語辞典』三一書房）であり、帰納推理を基礎にしているという。帰納論理の思考法とは、現実に起こりうる現象を確認し、その現象の背景にある法則を追究し、現象の予知と対策によって人間社会とその生活をよりよい方向に導こうとする考え方といえる。

このようなことから、小・中・高校生は国語科授業で論理的思考のうち、帰納論理の思考法を身につけることが肝心である。

6　論理的文章教材の役目とは、具体と抽象的概念の関係を教えることである

論理的文章は主題が明確で、具体的事例とその考察という形式が整った構成であることが重要である。そして、複数の具体的事例が平明な日常的な話題で、その考察の抽象の幅が大きいほど筆者の意図を容易に理解することができる。

　主題を明確に提示するためには、名づけが大切である。沢田允茂（一九七六）は、ものの名前は「ひじょうに必要なものには、一つ一つ別の名まえをつけ、それ以外は、必要に応じて、あるいは大ざっぱな、あるいはもっとこまかなしかたで分けられた、ものの集まりに、名まえをつけます」（『考え方の論理』講談社学術文庫）と述べている。

　ハヤカワ（一九八五）はこれを「抽象のハシゴ」（大久保忠利訳『思考と行動における言語　原書第四版』岩波書店）という名称で説明している。それを私なりにまとめると、

	富	（抽象名詞）
高い	↑　↓	
	資産	（抽象名詞）
↑	↑　↓	
	農業資産	（抽象名詞）
抽象度	↑　↓	
	家畜	（集合名詞）
↓	↑　↓	
	牝牛	（普通名詞）
低い	↑　↓	
	ベッシー	（固有名詞）

前ページの図のように、「富」(抽象名詞)↕「資産」(抽象名詞)↕「農業資産」(抽象名詞)↕「家畜」(集合名詞)↕「牝牛」(普通名詞)↕「ベッシー」(固有名詞)というような段階になる。この図では「富」という名詞の抽象度が最も高く、「ベッシー」は抽象度が最も低い。このような抽象の段階を通して、抽象度の低い具体的事例は抽象度の高い概念の土台として不可欠だということが明らかになる。

抽象的概念はそれ自体が高級なのではなく、たくさんの固有名詞、普通名詞の事物の性質を包含する役割を果たしているために、有意義な概念である。的確な抽象的概念は無限に広がる現実の世界を、整理された姿として私たちに提示するので、こういう的確な抽象的概念と、具体的事例との関係を生徒に教えるために論理的文章教材が存在する。

ところが、中学国語教科書の論理的文章教材は学年が進むと、抽象論で終始した観念的な文章が増えていく。高等学校国語でこの傾向が一層明らかである。一方、教材は最新の話題であった方がいいという思い込みがあるようで、最新の科学事情やニュースを教材文にする。そのため、教員は最新の内容を教えることが論理的文章の重要指導と勘違いする場合がある。

教科書教材としては、具体と抽象の段階に差があり、2〜4ページでまとまっている短い文章が適している。このような論理的文章教材だと、その文章形式の概念が生徒に役立つと同時に、生徒に論理的思考の表現方法を気づかせることができる。今後、前述したように論理的文章を「書く」ために「読む」という学習の方針をもつことが必要である。

7 論理的文章の種類

論理的文章はおおよそ「記録・報告・説明・論説」の4種類に分類することができる。二〇二四年四月現在の国語教科書4社の教材を調べたところ、学年が進行するにつれ、「論説」が多くを占める。4種類を以下のように説明する。

「記録」は、観察した事実を時間どおりに語句、文などで記述したものをいう。日記、日誌、観察記録、実験記録がそれである。

「報告」は、観察、記録等を組織的に組み立てて、新しい一連の現象、事象の意義を述べたものをいう。レポートともいう。自然科学の論文は全てこれで、自然科学の分野ごとに専門誌が存在している。文章の形式が決められている。これらに共通している形式は「はじめ・なか1・なか2・なか3・……・まとめ（考察）」である。事実の記述は文章、写真、スケッチ等がある。新事実の発見報告が最も尊重される。新事実の発見を追試・確認した報告も尊重される。

「説明」は、新製品、新機能をだれにも分かりやすく記述した文章等で、プレゼンテーションといわれることがある。「はじめ・なか1・なか2・なか3・……・まとめ」の形式が多い。

「論説」は、記録、報告による事実を数多く記述して、その要約の後に筆者の主張を述べたもので、新聞社の社説、月刊雑誌の論説記事、経済学、教育学、社会学等の論文などがそれである。「はじめ・なか1・なか2・なか3・……・まとめ・むすび（結論）」の形式が多い。

8 論理的文章の手本 ―寺田寅彦「『手首』の問題」―

寺田寅彦（一八七八〜一九三五年）は日常生活上の現象を物理学の理論によって、平易な言葉で説明している論文が多い。「『手首』の問題」の構成を次に示す（『寺田寅彦全集　第七巻』より、一九九七年、岩波書店）。

形式段落	意味段落	文章構成	段落の役割	キーワード
1〜3	一	はじめ・ なか1	概要・ 具体的事例1	バイオリンやセロ 右手の手首
4	二	なか2	具体的事例2	球突き
5	三	なか3	具体的事例3	ゴルフ
6	四	なか4	具体的事例4	名投手グローブの投球の秘術
7	五	なか5	具体的事例5	居合抜の稽古
8	六	なか6	具体的事例6	乗馬の稽古
9	七	なか7	具体的事例7	すりこぎでとろろをする
10	八	なか8	具体的事例8	アルペジオを弾く
11〜13	九	なか9	具体的事例9	譬喩的な手首の問題・科学の研究
14	十	なか10	具体的事例10	子供を教育
15	十一	なか11	具体的事例11	政治の事

16、17	十二	なか12	具体的事例12	官海游泳術
18	十三	なか13	具体的事例13	孔子や釈迦や耶蘇
19〜22	十四	まとめ	共通する性質	協和のための争闘
23、24	十五	むすび	主張	思想は流動しても科学的の事実は動かない

「『手首』の問題」はこのように「序論・具体的事例・考察・結論」という文章構成をほぼ備えている。13ある具体的事例の多くは形式段落と意味段落とが一致していて、一段落に一事項を記述するという原則が守られている。また、13ある事例は具体物から抽象的な内容という、論理的な順序で配列されている。寺田寅彦は科学論文の書き方を熟知しており、それを随筆に応用したといえる。文章形式は事例と考察とが整然とし、帰納論理の思考で展開している。

具体的事例5にあたる「居合抜の稽古」を次に示す。

　中学時代に少しばかり居合抜の稽古をさせられたことがある。刀身の抜き差しにも手首の運動が肝要な役目を勤める。また真剣を上段から打ち下ろす時にピューッと音がするようでなければならない。それには勿論刃が真直ぐになることも必要であるが、その上に手首が自由な状態にあることが必要条件であるように思われた。従って人を斬る場合にでも同様なことが当嵌まるであろうと思われる。撃剣でも竹刀の打ち込まれる電光石火の迅速な運動に、この同じ手首が肝心な役目を務めるであろうということも想像されるであろう。

「居合抜の稽古」という一つの事例を詳細に記述している。「真剣を上段から打ち下ろす時にピューッと音がする」という表現は、情景が目に見えるような描き方で、一瞬の場面を中心にしている。

9 報告の手本 ―立花隆『田中角栄研究』―

報告の文章成立について、森岡健二（一九六二）の言及は示唆に富んでいる。森岡健二はコンポジションに関するアメリカの教科書を検討し、「調査報告」は一九四〇年以降、「コンポジションの基礎体系が非常に明確な形をとる」ようになり、「調査報告」は必ずコンポジションに関するアメリカの教科書に置かれたという（『文章構成法』至文堂）。このことは帰納論理の思考によって、事実に基づき主張の正当性を証明しようとする意識が鮮明になってきたと説明することができる。これらはアメリカの教育の実態によく当てはまる。

報告の文章はジョン・リード（一八八七〜一九二〇年）が著した『世界をゆるがした十日間』（一九一九年に出版）が、現地報告の古典といわれている。筆者の高揚感ととれる文章が入るなど、一九一七年のロシア革命を舞台にして、心象風景を描いた箇所がいくつもある。ルポルタージュが記録文学といわれるように、文学的文章の要素が多分にみられる作品である。

それに対して、世界史的に有名な調査報告に、満州事変に関する現地調査委員会であるリットン調査団が作成した「リットン報告書」（正式名「国際連盟日支紛争調査委員会報告書」一九三二年十月公表）がある。日中両国の聞き取りを正確に記録し、それを基に調査団の意見を新しい見方として示している。

一方、立花隆は膨大な取材から得たデータの分析に基づいて、社会問題を実証的にレポートしている。立花自身が『田中角栄研究　全記録（下）』を「主としてロッキード事件関連のレポートからなっている」というように、その著述は豊富な事実と考察とから構成された報告である。「田中角栄研究─その金脈と人脈」（『田中角栄研究　全記録（上）』講談社文庫、一九八二年）で、次のように述べている。

　オモテの動きだけで、合理的説明が不可能なものには、それを補完する動きがウラになければならない。当然ながら、お金の動きも政治の動きも、その例にもれない。

　そして、私たちはオモテ側からだけでは、合理的説明が不可能な現象を次々と見てきた。田中氏のユーレイ会社連続設立がそれである。田中氏の日本電建食いつぶし経営がそうである。小佐野氏のボロ会社（食いつぶされた日本電建）破格値買いがそうである。小佐野氏への外国為替審議会ギリギリ認可がそうである。小佐野氏の国有地払い下げによる巨額の利益がそうである。

　これら一連のできごとは、田中氏の巨大なウラの世界を、はしなくもかいま見させてくれたできごとの一例ということができよう。

「田中氏のユーレイ会社連続設立……小佐野氏の国有地払い下げによる巨額の利益」という五つの具体的事例について、政治資金関係資料等の官公庁での筆記、登記所からの謄本の取り寄せ、直接のインタビュー、電話連絡等に基づいて詳細に論じている。これらの事例に対して「オモテの動きだけで、合理的説明が不可能なものには、それを補完する動きがウラになければならない」という知見を考察として述べている。

　立花隆が「田中角栄研究─その金脈と人脈」を「こんどの記事を作れたのは最終的にはファクト（事実）とロジック（論理）だと思う」と示すように、詳細かつ豊富な具体的事例と考察とが帰納的に結びついた構成である。優れた文章には確立した文体が存在し、それが個性の始まりといえる。

10　論理的文章の読み方の学習事項

これまでの論理的文章の読み方指導は、語句・文章の断片的な説明に終始していた。段落の役割や効果、事実の提示と法則性の関係など、論理的文章の全体像を捉える読み方に気づかせる指導はあまり行われてこなかった。その結果、論理的文章の学習は学年が進むと、文章中の言葉が抽象化し、学習自体の目標が明示されることがほとんどなかった。

これに対して、今後は論理的思考力によって発信を目標とする教育が必要なため、「書く」ために「読む」という学習指導を目指すことが重要である。「書く」ために「読む」という学習目標を設定すると、学習過程や学習内容の全体像が明確になる。段落の意味や役割を明らかにし、事実の選ばれ方を考え、事実と考察の関係を推測し、法則性を見出す過程では、論理的思考力を大いに活用することになる。この学習で段落は意味段落で指導する必要がある。

(1)　論理的文章の読み方は科学論文の書き方指導書に学んだ
―「文章構成・段落とキーワード・事実の書き方」―

論理的文章を科学論文の形式を備えた論文と規定すると、その読み方・書き方では科学論文の書き方が示唆を与えてくれる。科学論文の書き方指導書は現在、かなりの数が出版され、そのうちの代表的な書籍を検討した結果、中学生が論理的文章の読み方・書き方学習に際し、その効果が期待できる基本的な事項を含んでいることが分かった。

最も参考になった書籍は、一九二九（昭和四）年の初版刊行以後、支持を得ている田中義麿・田中潔『科学論文の書き方』（裳華房）、及びその後継書『実用的な科学論文の書き方』（裳華房、一九八三年）、『手ぎわよい科学論文の仕上げ方　第2版』（共立出版、一九九四年）である。科学論文を構成する要素には、「文章構成」「段落とキーワード」「事実の書き方」がある。これらを論理的文章の読み方の学習事項に援用することにした。次に読み方の学習事項を示す。

① 論理的文章の構成を理解する。
② 段落の役割や効果に気づく。
③ キーワードの機能や、一段落一事項の原則を知る。
④ 論理的思考の組み立て（複数の具体的事例と考察の関係）を理解する。
⑤ 具体と抽象的概念の関係に気づく。
⑥ 事実の書き方を知る。

(2) 論理的文章の構成

科学論文は次のような一定の形式で書かれている（田中潔『実用的な科学論文の書き方』前出）。

① 題名（結論の紹介）
② 緒言（論文の概略・要点）
③ 研究方法（実験・調査等の具体的内容）
④ 研究結果（実験・調査結果の整理）

⑤　考察（実験・調査結果の解釈）
⑥　結論（考察の意義）

これら科学論文の内容の順序が、論理的文章の書き方そのものになっている。このうち「④研究結果（実験・調査結果の整理）」から「⑤考察（実験・調査結果の解釈）」の関係が帰納論理の、自然科学の思考を示している。帰納論理の思考法とは複数の具体的事例によって、それまで未知だった一つの性質を推論する思考法である。自然科学は領域ごとに推論の方法を研究し、精密に測定したり、具体的事例を豊富に獲得したりして、大きな成果をあげている。

この推論の方法を論理的文章の形式に応用し、組み立てると、初歩的な推論法を示す文章形式となり、次のように示すことができる。

複数の具体的事例　→　考察（複数の具体的事例に共通する性質を一つ記述する。）

右の形式を備えた文章を論理的文章ということができる。その形式の基礎として、次の四つの要素を認めることができる。

はじめ　①（序論）　述べる対象のあらましを記述する。
なか　②（本論）　具体的事例のいくつかを詳しく書く。
まとめ　③（考察）　複数の具体的事例に共通する性質を述べる。
むすび　④（結論）　共通する性質の価値を、主張として述べる。

(3) 段落とキーワード

論理的文章の思考の単位（まとまり）は段落である。段落がいくつか集まって、「はじめ（序論）」「なか1（具体的事例1）」「なか2（具体的事例2）」……「まとめ（考察）」「むすび（結論）」等の内容を形成する。思考の単位（まとまり）であるから、一つの段落の中心となる言葉は一つである。一段落の中心となる言葉をキーワードという。

田中潔は「1パラグラフは一つの話題だけを含むもの」（『実用的な科学論文の書き方』前出）とパラグラフの概念を説明している。物事を正確に論理的に考え、表現するためには、思考の対象を周囲の雑多なものから切り離して、独立させる必要がある。独立させると、初めて固有の名称をつけることができる。この一つの話題をキーワードとし、一つの述語とともに一段落に一つ置くという原則が、論理的文章の条件である。このことを中学国語科授業で指導することがほとんどない。それは国語教科書の論理的文章教材が読みやすさを優先させるため、短い形式段落が多用され、一つの段落で一つのキーワードを指定できない文章が多いからである。

(4) 事実の書き方

意味段落の事実や現象を整理する学習では、事実の書き方に気づき、意味段落のキーワードに関連する内容を詳細に記述する方法を知ることになる。学年が進行するにつれ、抽象論で終始する論理的文章教材が増えるが、具体と抽象の段階に差がある論理的文章が生徒にとってよい教材となる。そのため、具体的事例は地名、人名、交通機関名、月日、時刻、品名、値段、個数等の記述があるとよい。

田中潔が「自然科学の研究で最も多く使われる研究方法」は「実験で、次いで自然の観察や調査がある」（『手ぎわよい科学論文の仕上げ方　第2版』前出）といい、研究方法は他の研究者が同じことを追試できるように、正確に記述する必要があるとし、「研究方法は日常の仕事の記述にすぎないため、書きやすい反面、うっかりすると必要事項を書き落とす。それを防ぐためには、小項目に分けてぬかりなく述べていく」とよいと説明している。

研究結果の記述の注意点では、結果の内容を「いくつかの項目に分けることができるならば、まず分類して各項ごとに書く」ことを示している。事実や現象を分類し、各項ごとに分けて正確に書き、その中心を詳しく記述する方法が事実の書き方であり、これらが教材文で書かれているとよい。

これまでの論理的文章を「読む」学習では、小・中・高等学校と進むにつれ、授業者が文章の説明や解釈を述べ、それを理解させることに時間をかけていた。これは子どもの教養を豊かにするための授業であり、難解な文章を読むこと自体が高度な教養であるとしてきた、過去の日本の教養主義の遺物といえよう。

11　文学的文章を「読む」意義とは、作品を立体的に身につけようとすることである

今後の文学的文章の授業では、人物像の変化や、描写を読む楽しみを知るという事項を中心に設定

し、社会に対する思想を表現している等の従来の抽象的な読み方から、生徒の感想を具体的な表現に転換していくことが重要である。

文章を細かく調べすぎたり、時代背景を詳しく説明しすぎたりすると、生徒が作品を嫌いになることがあった。1教材にかける時間を短く切り上げる方が、生徒は自分の考えを「書く」学習で、小説で学んだ表現を応用する、というように作品を立体的に身につけようとする。授業者が文学作品に対する自分の教材研究の成果をできるだけ語らず、生徒により多く語らせる授業に改善することが必要である。

文学的文章の本質はストーリーと文体である。物語・小説の文体は主に語り、描写、会話の3種類から成り立っている。授業者は物語・小説の文体の効果や役割をよく研究し、学習課題を設定すると生徒が喜んで学習に取り組むようになる。

物語・小説の学習事項には「作品の構成」「人物像の変化」「描写」などがあり、この中で中・高校生は描写の学習が中核となる。近代以降の小説は、読者がその情景を目の前で見ているような思いにさせる文章、描写が進化した。文学的文章の華は描写であるともいえる。

12　文学的文章の読み方の学習事項

(1) 作品の構成

物語・小説をいくつかに区切って、名前をつける。その区切った場面ごとに授業をまとめていく。この学習によって生徒は物語・小説の構成に気づく。指導経験上、五つがよい。

(2) 人物像の変化

物語・小説で主人公の人物像（外観・思想・生き方等）は初めと終わりで変化する。主人公はクライマックス（最高潮）で変身する。その変化の過程に物語・小説の主題（テーマ）が表現されている。

(3) 描写

昔話（伝承物語ともいう。グリム童話など）では、初めでもクライマックス（最高潮）でも終わりでも、いつも淡々と同じ調子で話が進む「語り」の文章で構成されている。これに対して、近代以降の小説では、その背景として自然の美しさを絵のように描く自然描写がある。また、人物の服装、外観、動作などを詳しく描いて、個性的な人間像を目に見えるように描く人物描写や、ストーリーの舞台等を描き、登場人物が活躍する場面を目に見えるように描く情景描写などがある。

13 1教材を4時間以内で終える

公立学校の場合、地域によっては、教師用指導書に示された授業時数を目指す学校がある。教師用指導書の授業時数は35週間、学校生活を理想的に過ごす状況が前提で作成されている。実際の学校生活では必然的に時数が不足する。教師用指導書は学習方法の一案と捉え、1教材、4時間以内の授業計画を勧めている。

国語教科書は主な教材のごく一部分が掲載されている。国語教科書を使用して、授業者が自分の研究の成果を大いに発揮できるという利点がある。教科書教材を教えていれば、指導が十分に満たされているということではなく、教科書教材は生徒の学習に必要な教材の最低限の量と考えるとよい。教科書以外の文章を補助・発展教材として必ず扱うことが重要である。付加する教材があって読書指導が成り立ち、初めて国語科授業が完成する。国語教科書の1教材を十数時間かけて授業をして、1単元を終わる授業は貧しい授業なのである。

例えば、「走れメロス」（中学2年）の学習では太宰治の主立った作品を授業者が読んでおく必要がある。そこから1、2編（「新樹の言葉」「お伽草紙」など）を生徒に読み聞かせるとよい。授業者自身の読書量が生徒の読書活動を左右する。本をよく読む先生が読書好きの生徒を育てるということである。

14——生徒の感想

物語・小説の感想には生徒のこれまでの人生経験が反映される。そのため、人によって異なるのが当然で、正しい感想というものはない。しかし、他者の感想の中には、自分が表現しようとしている感想の言葉よりも、より深い言葉を発見することがある。これが感想を話し合う理由である。ときには、先に発表した生徒と同じような感想になることもあるが、それでよい。生徒には「『前の人と同じです』と言わずに、自分の考えたとおりに話しましょう」と伝える。感想が他者と同じであると自分で考えても、他人は違いを発見する例が多い。感想の話し合いは多様な考え方に気づく機会の創出といえる。

授業者は「作品の感想を発表しましょう。一人30秒ぐらいです。Aさんから、どうぞ」と言う。「一人30秒」という時間の枠組みで、発表の全体像が生徒に見える。断片的な感想でもよい。他者の発表を聞くことに集中するため、生徒の感想の要点等は板書しないが、生徒同士の発表が聞きやすいように、場面の名前（例：「故郷」の一場面、二十年ぶりの「私」の帰郷……五場面、引っ越しと離郷）を発表前に板書する。

感想を思いつかない生徒には「後で話します」と言うように伝える。初めに考えのまとめ方が分からなくても、他者の感想を聞いているうちに、感想のまとめ方が分かってくる。

第2章

授業実践
―論理的文章編―

1年

オオカミを見る目

東京書籍

Ⅰ 教材の特徴

(1) 「はじめ」「なか1・2・3・4」「まとめ」「むすび」という構成の「論説」の文章である。
(2) 各意味段落には、主要な概念であるキーワードが存在し、文章構成を理解しやすい。
(3) 「オオカミ」を平易な言葉で説明しているため、中学1年にとって分かりやすい。
(4) 「なか1・2」では、オオカミのイメージをヨーロッパと日本の二項対立で説明して、その違いが明確である。
(5) 意味段落の区切れがはっきりしていて、具体的事例が書かれている。「なか」と「まとめ」「むすび」の段落の役割が判断しやすい。

2 文章構成

形式段落	意味段落	文章構成	段落の役割	キーワード
1〜4	一	はじめ	概要	オオカミのイメージ
5〜7	二	なか1	具体的事例1	ヨーロッパ
8、9	三	なか2	具体的事例2	日本
10〜13	四	なか3	具体的事例3	日本人のオオカミに対する見方の変化
14、15	五	なか4	具体的事例4	オオカミの絶滅
16	六	まとめ	共通する性質	野生動物に対する考え方
17	七	むすび	主張	社会の状況

3 学習目標

(1) 文章構成や段落の役割を理解している。
(2) 意味段落からキーワードを取り出している。
(3) 事実の書き方に気づいている。

4　学習計画（3時間扱い）

「第1時」(1)　全文を一斉音読する。
(2)　「はじめ」「なか1～4」「まとめ」「むすび」という文章構成と段落の役割を確認する。

「第2時」(3)　意味段落のキーワードを話し合う。

「第3時」(4)　事実の書き方を整理し、自分の考えを発表する。

5　第1時の学習

(1)　第1時の学習目標……文章をすらすらと一斉音読して、文章構成と段落の役割を確認している。

(2)　第1時の主な発問・指示・説明

1　〔指示〕今日から「オオカミを見る目」を学習します。題名と筆者名を読みましょう。本時の学習内容の提示（題名と筆者名を大きくはっきり板書する。）

2　〔指示〕先生が文章を読みます。読めない漢字には仮名を振りながら聞きましょう。第1形式段落の範読（1分間に400字程度の速さで、淡々と読み、難語句も説明する。）

3　〔発問〕読み方が分からない文字がありましたか。読み方の確認

4〔指示〕1段落をそろえて読みましょう。「皆さんは……」ハイ（24秒）。一斉音読（句読点は語句・文を見やすく区切る記号のため、音読では句読点で息継ぎをしないで、すらすらと読む。）

5〔指示〕途中でひっかかりましたね。他の人の声を聞きながら、もう一度、読みましょう。「皆さんは……」ハイ（24秒）。一斉音読（一斉音読は読み誤りや、そろわないとき、そこで止めてから読み直させる。）

6〔説明〕今度はすらすらとそろっていました。一斉音読の評価（一斉音読の後は必ず褒める。）

7〔指示〕これからは皆さんだけでそろえて読みましょう。「これらは……」ハイ（42秒）。第2から4形式段落の一斉音読（中学1年は範読をなくして、すぐに一斉音読を行えるが、学級の実態に応じて範読を入れる。）

8〔説明〕先生が読まなくても、そろっていました。一斉音読の評価

9（第5から17形式段落は同様に、4〔指示〕から6〔説明〕を行う。）

10〔発問〕形式段落の末尾に番号を書きましょう。いくつありましたか。形式段落の番号（形式段落は文頭ではなく、末尾に番号をつける。）解答：十七

11〔指示〕周りの人と話し合いながら、5から15段落を四つに分けましょう。文章構成（具体的事例が書いてある段落を四つに分ける。）解答：5～7、8～9、10～13、14～15

12〔発問〕この文章の1から9段落は、次のような構成になります。1から4段落「はじめ」5から7段落「なか1」8、9段落「なか2」10から13段落「なか3」14、15段落「なか4」です。16段落と17段落の役割は何ですか。段落の役割 解答：16段落「まとめ」（共通する性質）17段落

「むすび」（主張）

13〔指示〕黒板に書いてあることをノートに丁寧に書き写しましょう。ノートの書き方

14〔指示〕学習したことを思い出しながら、全文をそろえて読みましょう。「皆さんは……」ハイ（7分15秒）。上手に読めました。一斉音読（学習の最後に行う一斉音読はまとめの学習になる。授業者の説明・解説は入れない方がよい。）

15〔説明〕今日は文章を声に出して読み、文章構成や段落の役割を考えました。学習の意義

16〔説明〕次の時間はキーワードを探す学習をします。次時の予告

(3)　第1時の授業評価……文章をすらすらとそろえて読み、文章構成と段落の役割を確認している。

6　第2時の学習

(1)　第2時の学習目標……意味段落のキーワードを話し合いながら、取り出している。

(2)　第2時の主な発問・指示・説明

1〔説明〕前の時間に「オオカミを見る目」の文章構成を考えました。今日は意味段落からキーワードを探します。本時の学習内容の提示（意味段落の「大切な言葉」がキーワードであると初めに簡潔に説明してもよい。）

2〔指示〕全文をそろえて読みましょう。「皆さんは……」ハイ（7分15秒）。すらすら読めるようになりました。一斉音読

3〔指示〕1から4段落をそろえて読みましょう。「皆さんは……」ハイ（1分6秒）。一斉音読
4〔発問〕この文章の話題は何か、1段落の言葉で言いましょう。キーワードの抽出（「はじめ」のキーワードは探しにくいので、話題と言い換え、考え方を示す。）解答「オオカミのイメージ」

5〔指示〕（第5から7形式段落の一斉音読後）5から7段落はある地域のオオカミのイメージを書いています。5から7段落のキーワードをグループで話し合って、1番目の人が黒板に書きましょう。キーワードの抽出（4人グループをつくり、1から4までの順番を決める。5〔指示〕から9は繰り返しの学習になるが、楽しく取り組むことができる。）解答「ヨーロッパ」

6〔指示〕8、9段落のキーワードをグループで話し合って、2番目の人が黒板に書きましょう。キーワードの抽出（第8、9形式段落以降は一斉音読を省略することができる。）解答「日本」

7〔指示〕10から13段落のキーワードをグループで話し合って、3番目の人が黒板に書きましょう。キーワードの抽出 解答「日本人のオオカミに対する見方の変化」

8〔指示〕14、15段落のキーワードをグループで話し合って、4番目の人が黒板に書きましょう。キーワードの抽出 解答「オオカミの絶滅」

9（第16、17形式段落も同様に6〔指示〕を行い、グループの代表者が黒板に書く。キーワードを取り出しにくい段落は、授業者がキーワードを示してもよい。）解答：16段落「野生動物に対する考え方」　17段落「社会の状況」

10〔説明〕（ノートへの記入と全文の一斉音読後）今日は意味段落からキーワードを探しました。学

習の意義

(3) 第2時の授業評価……グループの話し合いを通して、キーワードを探している。

11〔説明〕次の時間は内容を詳しく確認します。次時の予告

7 第3時の学習

(1) 第3時の学習目標……事実の書き方を話し合い、自分の考えを発表している。

(2) 第3時の主な発問・指示・説明・板書計画

1〔説明〕前の時間は「オオカミを見る目」からキーワードを探しました。今日は内容を確かめて、自分の考えを発表します。本時の学習内容の提示

2〔指示〕全文をそろえて読みましょう。「皆さんは……」ハイ（7分15秒）。よくそろいました。一斉音読

3〔指示〕意味段落のキーワードを皆さんで言いましょう。1から4段落のキーワードは何ですか。キーワードの確認（第17形式段落まで、同様に聞いた後、形式段落、意味段落、文章構成、キーワードをノートに書く。）解答「オオカミのイメージ・ヨーロッパ・日本（以下略）」

4〔指示〕5から15段落を表に整理します。ア〜カに語句を入れましょう。事実の書き方（「なか1〜4」に書かれた具体的事例を整理する課題である。ワークシートか、板書で表を示す。）解答例：ア「悪魔」　イ「神」　ウ「狂犬病の流行」　エ「忌まわしい動物」　オ「近代化・軍国化」　カ

「『オオカミ少年』などの童話の普及」

野生動物の見方／地域	オオカミに対する見方		
ヨーロッパ	ヒツジを襲って殺す（ア　　）		
日本	昔	江戸時代	明治時代
	稲を食べる草食獣を殺してくれる（イ　　）	（ウ　　） （エ　　）	（オ　　）により、西洋の知識や価値観を取り入れた（カ　　）

5 〔指示〕「オオカミに対する見方」が変わった例は、何を示しているか、16段落から探し、傍線を引きましょう。共通する性質の抽出 解答「野生動物に対する考え方が、その社会によっていかに強い影響を受けるか」

6 〔発問〕「なか1～4」と「まとめ」はよく結びついていますか。具体的事例と考察の関係（5から15段落に書かれた具体的事例と、16段落に書かれた考察の関係を確認する課題で、これにより論理的思考の組立てを考えることができる。グループで話し合いながら進めるとよい。）解答：よく結びついている

7 〔指示〕文章全体で筆者の主張は何か、17段落から探し、傍線を引きましょう。主張の抽出 解答「人の考えや行いは、置かれた社会の状況によって異なりもするし、また変化もしうるのだ」

8 〔指示〕「オオカミを見る目」の感想を発表しましょう。一人30秒ぐらいです。Aさんから、どう

ぞ。**感想の話し合い**（他の人と同じ感想でもよいと話す。思いつかない生徒には「後で話します」と言うように伝える。）

9〔指示〕黒板に書いてあることをノートに丁寧に書き写しましょう。**ノートの書き方**

10〔指示〕学習したことを思い出しながら、全文をそろえて読みましょう。「皆さんは……」ハイ（7分15秒）。最後まですらすらと読み通せました。**一斉音読**

11〔説明〕これで「オオカミを見る目」の学習を終わります。**学習の意義**

(3) 第3時の授業評価……課題を話し合い、自分の考えを発表している。

第3時の板書計画

オオカミを見る目　　高槻　成紀

形式段落	意味段落	文章構成	キーワード
1～4	一	「はじめ」	オオカミのイメージ
5～7	二	「なか1」	ヨーロッパ
8、9	三	「なか2」	日本
10～13	四	「なか3」	日本人のオオカミに対する見方の変化
14、15	五	「なか4」	オオカミの絶滅
16	六	「まとめ」	野生動物に対する考え方
17	七	「むすび」	社会の状況

（第5～15形式段落の表）

共通する性質

野生動物に対する考え方が、その社会によっていかに強い影響を受けるか

「なか1～4」と「まとめ」はよく結びついている。

筆者の主張

人の考えや行いは、置かれた社会の状況によって異なりもするし、また変化もしうるのだ

○感想

1年

ちょっと立ち止まって

光村図書

Ⅰ 教材の特徴

(1) 「はじめ」「なか1・2・3」「まとめ・むすび」という構成の「論説」の文章である。

(2) 「ルビンのつぼ」「若い女性とおばあさん」「化粧台の前の女性とどくろ」という具体的事例によって、ものの見方が変わる経験を説明している。事例は中学1年にとって分かりやすい。

(3) 難語句が少ない上、文章の長さは4ページで適切である。

(4) 第10形式段落は「まとめ」と「むすび」の役割が入っているため、段落を二つに分けるとよい。

(5) 意味段落のキーワードを選び出しにくい文章である。意味段落のキーセンテンスで取り出すとまとめやすい。

2 文章構成

形式段落	意味段落	文章構成	段落の役割	キーセンテンスをまとめた語句
1	一	はじめ	概要	Aだと思っていたものが、人の指摘でBともいえると教えられた経験
2～5	二	なか1	具体的事例1	中心に見るものを決めたり変えたりする
6、7	三	なか2	具体的事例2	意識して捨て去る
8、9	四	なか3	具体的事例3	近くから見るか遠くから見るかによって全く違う
10	五	まとめ	共通する性質	見方によって見えてくるものが違う
		むすび	主張	ちょっと立ち止まって、他の見方を試してみる

3 学習目標

(1) 文章構成や段落の役割を理解している。
(2) 意味段落からキーセンテンスを取り出している。
(3) 説明と例の書き方に気づいている。

4　学習計画（3時間扱い）

「第1時」(1)　全文を一斉音読する。
(2)　「はじめ」「なか1～3」「まとめ・むすび」という文章構成と段落の役割を確認する。
「第2時」(3)　意味段落のキーセンテンスを取り出し、短くまとめる。
「第3時」(4)　説明と例の書き方を表に整理している。

5　第1時の学習

(1)　第1時の学習目標……文章をすらすらと一斉音読して、文章構成と段落の役割を確認している。
(2)　第1時の主な発問・指示・説明

1〔指示〕今日から「ちょっと立ち止まって」を学習します。題名と筆者名を読みましょう。ノートに書きましょう。本時の学習内容の提示（題名と筆者名を大きくはっきり板書する。）

2〔指示〕先生が文章を読みます。読めない漢字には仮名を振りながら聞きましょう。第1形式段落の範読（1分間に400字程度の速さで、淡々と読み、難語句も説明する。）

3〔発問〕読み方が分からない文字がありましたか。読み方の確認

4〔指示〕1段落をそろえて読みましょう。「自分では……」ハイ（10秒）。一斉音読（句読点は語

句・文を見やすく区切る記号のため、音読では句読点で息継ぎをしないで、すらすらと読む。）

5〔指示〕途中でひっかかりましたね。他の人の声を聞きながら、もう一度、読みましょう。「自分では……」ハイ（10秒）。一斉音読（一斉音読は読み誤りや、そろわないときに、そこで止めてから読み直させる。）

6〔説明〕すらすらとそろえて読めました。一斉音読の評価（一斉音読の後は必ず褒める。）

7〔指示〕これからは皆さんだけでそろえて読みましょう。「上の図は……」ハイ（28秒）。第2形式段落の一斉音読（中学1年は範読をなくして、すぐに一斉音読を行えるが、学級の実態に応じて範読を入れる。）

8〔説明〕先生が読まなくても、そろっていました。一斉音読の評価

9（第3から10形式段落は同様に、4〔指示〕から6〔説明〕を行う。）

10〔発問〕形式段落の末尾に番号を書きましょう。いくつありましたか。形式段落の番号（形式段落は文頭ではなく、末尾に番号をつける。）解答：十

11〔指示〕周りの人と話し合いながら、2から9形式段落を三つに分けましょう。文章構成（具体的事例が書いてある段落を三つに分ける。）解答：2～5、6～7、8～9

12〔発問〕この文章の1から9段落は、次のような構成になります。1段落「はじめ」　2から5段落「なか1」　6、7段落「なか2」　8、9段落「なか3」です。10段落は二つの役割を担っています。それは何ですか。段落の役割（第10形式段落は授業者が段落の役割を示してもよい。）解答：10段落「まとめ・むすび」（共通する性質・主張）

13〔指示〕黒板に書いてあることをノートに丁寧に書き写しましょう。ノートの書き方
14〔説明〕（全文の一斉音読後）今日は文章を声に出して読み、文章構成と段落の役割を考えました。学習の意義
15〔説明〕次の時間はキーセンテンスを探す学習をします。次時の予告
(3) 第1時の授業評価……文章をすらすらとそろえて読み、文章構成と段落の役割を確認している。

6 第2時の学習

(1) 第2時の学習目標……意味段落のキーセンテンスを話し合いながら、取り出し、短くしている。
(2) 第2時の主な発問・指示・説明
1〔説明〕前の時間に「ちょっと立ち止まって」の文章構成を考えました。今日は意味段落のキーセンテンスを探します。本時の学習内容の提示（意味段落の「重要な文」がキーセンテンスであると初めに簡潔に説明してもよい。）
2〔指示〕全文をそろえて読みましょう。「自分では……」ハイ（2分53秒）。すらすらと読めました。一斉音読（一斉音読の後は必ず褒める。）
3〔指示〕1段落をそろえて読みましょう。「自分では……」ハイ（10秒）。一斉音読
4〔指示〕1段落でこの文章はある経験を述べています。周りの人と話し合いながら、ある経験を探し、傍線を引きましょう。キーセンテンスの抽出（以下、周りの人と話し合いながら、キーセン

テンスを探し、傍線を引く。）解答「自分ではAだと思っていたものが、……経験」

5〔指示〕1段落のキーセンテンスを短く「Aだと思っていたものが、人の指摘でBともいえると教えられた経験」とノートに書きましょう。キーセンテンスのまとめ方

6〔指示〕（第2から5形式段落の一斉音読後）2から5段落は見るという働きを書いています。5段落からそれを探しましょう。キーセンテンスの抽出（6〔指示〕から11〔指示〕は繰り返しの学習になるが、楽しく取り組むことができる。）解答「一瞬のうちに、中心に……できるのである」

7〔指示〕2から5段落のキーセンテンスを短く「中心に見るものを決めたり変えたりする」とノートに書きましょう。キーセンテンスのまとめ方

8〔指示〕6、7段落は絵を別の絵と見るためにすることを述べています。7段落からそれを探し、傍線を引きましょう。キーセンテンスの抽出（第6、7形式段落以降は一斉音読を省略することができる。）解答「今見えている……ならない」

9〔説明〕6、7段落のキーセンテンスを短くまとめて、ノートに書きましょう。キーセンテンスのまとめ方（早く書き上がった生徒5名が黒板に書く。以下、同様とする。）解答例：意識して捨て去る

10〔指示〕8、9段落は見方による違いが書いてあります。それを探し、傍線を引きましょう。キーセンテンスの抽出 解答「同じ図でも、……受け取られる」

11〔指示〕8、9段落のキーセンテンスを短くまとめて、ノートに書きましょう。キーセンテンスのまとめ方 解答例：近くから見るか遠くから見るかによって全く違う

12〔指示〕10段落は「まとめ」と「むすび」の二つの役割を担っています。「……違う。」と「そこで、……」の間に、斜線を引きましょう。「なか1・2・3」をまとめている文を10段落の前半から探し、傍線を引きましょう。キーセンテンスの抽出 解答「しかし、一つの図でも……違う」

13〔指示〕10段落の後半から筆者の主張を探し、傍線を引きましょう。キーセンテンスの抽出 解答「物を見るときには、……どうだろうか」

14〔指示〕10段落のキーセンテンスを短く「見方によって見えてくるものが違う」と「ちょっと立ち止まって、他の見方を試してみる」とノートに書きましょう。キーセンテンスのまとめ方

15〔説明〕（ノートへの記入と全文の一斉音読後）今日は意味段落からキーセンテンスを探し、短くしました。学習の意義

16〔説明〕次の時間は見方によって見えてくるものが違う例を確認します。次時の予告

(3) 第2時の授業評価……意味段落のキーセンテンスを探して、まとめている。

7 第3時の学習

(1) 第3時の学習目標……具体的事例に書かれている説明と例を表にまとめている。

(2) 第3時の主な発問・指示・説明・板書計画

1〔説明〕前の時間はキーセンテンスを探し、短くしました。今日は「なか」の説明と例を整理します。本時の学習内容の提示

2〔指示〕全文をそろえて読みましょう。「自分では……」ハイ（2分53秒）。よくそろいました。一斉音読

3〔発問〕意味段落のキーセンテンスを短くした語句を皆さんで言いましょう。1段落は何ですか。キーセンテンスの確認（第10形式段落まで、同様に聞いた後、形式段落、意味段落、文章構成、キーセンテンスを短くした語句をノートに書く。）解答「Aだと思っていた……（以下略）」

4〔指示〕（第2から5形式段落の一斉音読後）周りの人と話し合いながら、2から5段落で「中心に見るものを決めたり変えたりする」例を二つ、探しましょう。説明と例の書き方 解答「ルビンのつぼ」「日常生活の中」

5（第6、7形式段落と、第8、9形式段落も同様に、4〔指示〕を行う。）解答：6、7段落「若い女性の絵・おばあさんの絵」8、9段落「化粧台の前に座っている女性の絵・どくろをえがいた絵」

6〔指示〕2から9段落を表に整理します。ア～キに語句を入れましょう。説明と例の整理（ワークシートか、板書で表を示す。）解答例：ア「二人の顔の影絵」イ「少女」ウ「おばあさんの絵」エ「どくろをえがいた絵」オ「荒々しい姿」カ「きれいなビル」キ「すすけた壁面のビル」

形式段落	キーセンテンスを短くした語句	例
2～5	中心に見るものを決めたり変えたりする	ルビンのつぼ……①つぼ ②（ア　） 日常生活の中……①橋 ②（イ　）
6、7	意識して捨て去る	図……①若い女性の絵 ②（ウ　）
8、9	近くから見るか遠くから見るかによって全く違う	図……①化粧台の前に座っている女性の絵 ②（エ　） 富士山……①秀麗な富士山 ②（オ　） ビル……①（カ　） ②（キ　）

7〔指示〕「ちょっと立ち止まって」の感想を発表しましょう。一人30秒ぐらいです。Aさんから、どうぞ。（他の人と同じ感想でもよいと話す。思いつかない生徒には「後で話します」と言うように伝える。）**感想の話し合い**

8〔説明〕（ノートへの記入と全文の一斉音読後）これで「ちょっと立ち止まって」の学習を終わります。**学習の意義**

(3)　第3時の授業評価……具体的事例に書かれている説明と例を整理している。

―第3時の板書計画―

ちょっと立ち止まって　　桑原　茂夫

形式段落	意味段落	文章構成	キーセンテンスをまとめた語句
1	一	「はじめ」	Aだと思っていたものが、人の指摘でBともいえると教えられた経験
2～5	二	「なか1」	中心に見るものを決めたり変えたりする
6、7	三	「なか2」	意識して捨て去る
8、9	四	「なか3」	近くから見るか遠くから見るかによって全く違う
10	五	「まとめ」	見方によって見えてくるものが違う
		「むすび」	ちょっと立ち止まって、他の見方を試してみる

（第2～9形式段落の表）

○感想

2年

ガイアの知性

教育出版

1 教材の特徴

(1) 「はじめ」「まとめ」「なか1・2・3」「まとめ」「むすび」という構成の「論説」の文章である。

(2) 「はじめ」が冗長で、鯨と象に深くつき合っている人間の共通点を論じ、鯨と象の「知性」が人間の「知性」と異なると示唆している。

(3) 「まとめ」が2か所あり、前半の「まとめ」では鯨と象の「知性」を論じ、後半の「まとめ」は「なか」で述べた人間と鯨と象の知性の違いを示している。

(4) 「なか1・2・3」は鯨と象の「知性」が人間の「知性」と異なることを論じている。

(5) 三つの具体的事例と人間とは違う側面をもつ鯨や象の「知性」の説明とが結びつきにくい。

(6) 注視するべきは「むすび」で、人間中心主義の近代思想を批判している。

2 文章構成

形式段落	意味段落	文章構成	段落の役割	キーワード
1~7	一	はじめ	概要	鯨と象に畏敬の念
8~11	二	まとめ	共通する性質	鯨や象の「知性」
12~16	三	なか1	具体的事例1	オルカ、意志と選択
17~20	四	なか2	具体的事例2	イルカ、発音
21、22	五	なか3	具体的事例3	象、歯
23、24	六	まとめ	共通する性質	「受容的な知性」
25	七	むすび	主張	「ガイアの知性」に進化

3 学習目標

(1) 文章構成を理解している。
(2) 意味段落からキーワード等を取り出している。
(3) 「知性」の相違点を整理し、具体的事例・考察と結論の関係に気づいている。

4　学習計画（3時間扱い）

「第1時」(1)　全文を一斉音読する。
　　　　(2)　「はじめ」「まとめ」「なか1～3」「まとめ」「むすび」という文章構成と意味段落の役割を確認する。
「第2時」(3)　意味段落ごとのキーワード等を話し合う。
「第3時」(4)　「知性」の相違点を整理し、考察と結論の関係を捉えている。

5　第1時の学習

(1)　第1時の学習目標……文章をすらすらと一斉音読して、文章構成と段落の役割を確認している。
(2)　第1時の主な発問・指示・説明

1　〔指示〕今日から「ガイアの知性」を学習します。題名と筆者名を読みましょう。ノートに書きましょう。本時の学習内容の提示（題名と筆者名を大きくはっきり板書する。）
2　〔指示〕先生が文章を読みます。読めない漢字には仮名を振りながら聞きましょう。第1形式段落の範読（1分間に400～450字程度の速さで、淡々と読み、難語句も説明する。）
3　〔発問〕読み方が分からない文字がありましたか。読み方の確認

4〔指示〕1段落をそろえて読みましょう。「ここ数年、……」ハイ（20秒）。一斉音読（句読点は語句・文を見やすく区切る記号のため、音読では句読点で息継ぎしないで、すらすらと読む。）

5〔指示〕途中でひっかかりましたね。他の人の声を聞きながら、もう一度、読みましょう。「ここ数年、……」ハイ（20秒）。一斉音読（一斉音読は読み誤りや、そろわないとき、そこで止めてから読み直させる。）

6〔説明〕すらすらとそろえて正しく読めました。一斉音読の評価（一斉音読の後は必ず褒める。）

7〔指示〕これからは皆さんだけでそろえて読みましょう。「人種も……」ハイ（1分40秒）。第2から7形式段落の一斉音読（中学2年は範読をなくして、すぐに一斉音読を行えるが、学級の実態に応じて範読を入れる。）

8〔説明〕先生が読まなくても、そろっていました。一斉音読の評価

9（第8から25形式段落は同様に、4〔指示〕から6〔説明〕を行う。）

10〔発問〕形式段落の末尾に番号を書きましょう。いくつありましたか。形式段落の番号（形式段落は文頭ではなく、末尾に番号をつける。）解答：二十五

11〔指示〕周りの人と話し合いながら、8から22段落を四つに分けましょう。文章構成（共通点と相違点が書かれている段落を分ける。）解答：8～11、12～16、17～20、21～22

12〔発問〕この文章は、次のような構成になります。1から7段落「はじめ」8から11段落「まとめ」12から16段落「なか1」17から20段落「なか2」21、22段落「なか3」です。23、24段落と、25段落の役割は何ですか。段落の役割（文章構成が煩雑なため、授業者が段落の役割を示し

てもよい。）解答：23、24段落「まとめ」（共通する性質）　25段落「むすび」（主張）

13〔説明〕（ノートへの記入と全文の一斉音読後）今日は文章を声に出して読み、文章構成や段落の役割を考ええました。**学習の意義**

14〔説明〕次の時間はキーワードなどを探す学習をします。**次時の予告**

(3)　第1時の授業評価……文章をすらすらとそろえて読み、文章構成と段落の役割を確認している。

6　第2時の学習

(1)　第2時の学習目標……意味段落のキーワード等を話し合いながら、取り出している。

(2)　第2時の主な発問・指示・説明

1〔説明〕前の時間に「ガイアの知性」の文章構成を考えました。今日は意味段落からキーワードなどを探します。**本時の学習内容の提示**（意味段落の「大切な言葉」がキーワードであると初めに簡潔に説明してもよい。）

2〔指示〕全文をそろえて読みましょう。「ここ数年、……」ハイ（9分20秒）。上手に読めました。**一斉音読**（一斉音読の後は必ず褒める。）

3〔指示〕1から7段落をそろえて読みましょう。「ここ数年、……」ハイ（1分48秒）。**一斉音読**

4〔指示〕筆者が「知性」を論じるきっかけを1から7段落の言葉で言いましょう。**キーワードの抽出**（「はじめ」のキーワードは探しにくいので、きっかけと言い換え、考え方を示す。）解答

「鯨と象に畏敬の念」

5〔指示〕（第8から11形式段落の一斉音読後）8から11段落も同様にキーワードをグループで話し合って、1番目の人が黒板に書きましょう。キーワードの抽出（4人グループをつくり、1から4までの順番を決める。5〔指示〕から9〔指示〕は繰り返しの学習になるが、楽しく取り組むことができる。）解答「鯨や象の『知性』」

6〔指示〕12から16段落のキーワードをグループで話し合って、2番目の人が黒板に書きましょう。キーワードの抽出（第12から16形式段落以降は一斉音読を省略することができる。）解答「オルカ、意志と選択」

7〔指示〕17から20段落のキーワードをグループで話し合って、3番目の人が黒板に書きましょう。キーワードの抽出 解答「イルカ、発音」

8〔指示〕21、22段落のキーワードをグループで話し合って、4番目の人が黒板に書きましょう。キーワードの抽出 解答「象、歯」

9〔指示〕23、24段落のキーワードをグループで話し合って、代表の人が黒板に書きましょう。キーワードの抽出（キーワードを取り出しにくい段落は、授業者がキーワードを示してもよい。）解答「『受容的な知性』」

10〔指示〕25段落の重要な文、キーセンテンスは一文目と二文目どちらですか。一文目だと思う人は手を挙げましょう。二文目だと思う人は手を挙げましょう。キーセンテンスの抽出（第25形式段落はキーワードを取り出しにくいので、キーセンテンスを探す。）解答：二文目

11〔説明〕（ノートへの記入と全文の一斉音読後）今日は意味段落からキーワードやキーセンテンスを探しました。学習の意義

12〔説明〕次の時間は「知性」の相違点を整理し、具体的事例・考察と結論の関係を確認します。次時の予告

(3) 第2時の授業評価……グループの話し合いを通して、キーワード等を探している。

7 第3時の学習

(1) 第3時の学習目標……「知性」の相違点を整理し、考察と結論の関係を理解している。

(2) 第3時の主な発問・指示・説明・板書計画

1〔説明〕前の時間は「ガイアの知性」からキーワード等を探しました。今日は「なか・まとめ・むすび」の関係を整理します。本時の学習内容の提示

2〔指示〕（全文の一斉音読後）意味段落のキーワードを皆さんで言いましょう。1から7段落のキーワードは何ですか。キーワードの確認（第25形式段落まで、同様に聞いた後、形式段落、意味段落、文章構成、キーワードをノートに書く。）解答「鯨と象に畏敬の念・鯨や象の『知性』（以下略）」

3〔指示〕8から22段落を表に整理します。ア〜キに語句を入れましょう。クとケには「具体的」か、「抽象的」のどちらかの語句を書きましょう。具体と抽象的概念の関係の整理（ワークシートか、

板書で表を示す。）解答例：ア「人の『知性』とは全く別種の『知性』」イ「意志と選択」ウ「心」エ「何かを教えようとする」オ「発音」カ「自然死」キ「歯」ク「抽象的」ケ「具体的」

第８～22形式段落の表

象や鯨の「知性」	動物	行動
（ア　　）	オルカ	オルカの行動には（イ　　）がはたらいている。 オルカには、（ウ　　）がある。
	イルカ	イルカは、人間に（エ　　） 例：（オ　　）。
	象	象は、（カ　　）した肉親の（キ　　）を見分け、元の場所に戻す。
（ク　　）　（ケ　　）		

4〔指示〕23、24段落に書かれている人間と象や鯨の「知性」の対比と、25段落の関係を次の表に整理します。ア～ウに語句を入れましょう。考察と結論の関係　解答例：ア「攻撃的な知性」イ「受容的な知性」ウ「ガイアの知性」

5〔発問〕23から24段落の考察と結論を把握し、なぜ人間に「ガイアの知性」が求められているのかグループで話し合いましょう。考察・結論に対する話し合い（人間中心主義による地球への弊害を紹介しつつ、論説に表れている主張を考える。）

第23～25形式段落の表

人間の「知性」	象や鯨の「知性」	結論
環境破壊を起こし、地球全体の生命を危機に陥れる。 ＝ （ア　　　　　　）	自然のもつ無限に多様で複雑な営みを、できるだけ繊細に理解し、それに適応して生きる。 ＝ （イ　　　　　　）	（イ　　　　　）によって、象や鯨は長く地球に生きながらえてきた。 ← （ウ　　　　　　）

6 〔指示〕「ガイアの知性」の感想を発表しましょう。一人30秒ぐらいです。Aさんから、どうぞ。**感想の話し合い**（他の人と同じ感想でもよいと話す。思いつかない生徒には「後で話します」と言うように伝える。）

7 〔説明〕（ノートへの記入と全文の一斉音読後）これで「ガイアの知性」の学習を終わります。**学習の意義**

(3)　第3時の授業評価……具体と抽象的概念の関係や考察・結論を理解している。

第3時の板書計画

ガイアの知性　　龍村　仁

形式段落	意味段落	文章構成	キーワード
1〜7	一	「はじめ」	鯨と象に畏敬の念
8〜11	二	「まとめ」	鯨や象の「知性」
12〜16	三	「なか1」	オルカ、意志と選択
17〜20	四	「なか2」	イルカ、発音
21、22	五	「なか3」	象、歯
23、24	六	「まとめ」	「受容的な知性」
25	七	「むすび」	「ガイアの知性」に進化

（第8〜22形式段落の表）

（第23〜25形式段落の表）

○感想

2年

モアイは語る―地球の未来

光村図書

1 教材の特徴

(1) 「はじめ」「なか1・2・3・4・5」「まとめ」「むすび」という構成の「論説」の文章である。
(2) 「なか」は謎と、それに対する判明した事実で組み立てられている。
(3) 数枚の写真は直接、文章と関係していないため、なくてよい。
(4) 段落によってはキーワードが明確でなく、短い言葉で段落の核心を表した主要語句を抽出するのが困難である。
(5) 「なか」で化石人骨や栽培作物の分析、炭化物の測定、堆積物に含まれる花粉の化石の分析で得られる客観的な事実を記述していて、説得力がある。

2 文章構成

形式段落	意味段落	文章構成	段落の役割	キーワード
1、2	一	はじめ	概要	モアイ
3、4	二	なか1	具体的事例1	ポリネシア人
5、6	三	なか2	具体的事例2	ラノ・ララク
7～10	四	なか3	具体的事例3	ヤシの木のころ
11、12	五	なか4	具体的事例4	未完成のモアイ像
13～15	六	なか5	具体的事例5	森の消滅
16～19	七	まとめ	共通する性質	森林は、文明を守る生命線
20	八	むすび	主張	有限の資源を効率よく、長期にわたって利用する方策

3 学習目標

(1) 文章構成や段落の役割を理解している。
(2) 意味段落のキーワードを取り出している。
(3) 具体的事例に書かれた謎と判明した事実から共通する性質を見つけ、整理している。

4　学習計画（3時間扱い）

「第1時」(1)　全文を一斉音読する。
(2)　「はじめ」「なか1～5」「まとめ」「むすび」という文章構成と段落の役割を確認する。
「第2時」(3)　意味段落からキーワードを話し合う。
「第3時」(4)　具体的事例と考察・結論の結びつきを考える。

5　第1時の学習

(1)　第1時の学習目標……文章をすらすらと一斉音読して、文章構成と段落の役割を理解している。
(2)　第1時の主な発問・指示・説明

1　〔指示〕今日から「モアイは語る―地球の未来」を学習します。題名と筆者名を読みましょう。ノートに書きましょう。本時の学習内容の提示（題名と筆者名を大きくはっきり板書する。）
2　〔指示〕先生が文章を読みます。読めない漢字には仮名を振りながら聞きましょう。第1、2形式段落の範読（1分間に400～450字程度の速さで、淡々と読み、難語句も説明する。）
3　〔発問〕読み方が分からない文字がありましたか。読み方の確認
4　〔指示〕1、2段落をそろえて読みましょう。「君たちは……」ハイ（55秒）。一斉音読（句読点

は語句・文を見やすく区切る記号のため、音読では句読点で息継ぎをしないで、すらすらと読む。）

5〔指示〕途中でひっかかりましたね。他の人の声を聞きながら、もう一度、読みましょう。「君たちは……」ハイ（55秒）。**一斉音読**（一斉音読は読み誤りや、そろわないとき、そこで止めてから読み直させる。）

6〔説明〕すらすらと上手に読めました。**一斉音読の評価**（一斉音読の後は必ず褒める。）

7〔指示〕これからは皆さんだけでそろえて読みましょう。「絶海の孤島……」ハイ（1分5秒）。**第3、4形式段落の一斉音読**（中学2年は範読をなくして、すぐに一斉音読を行えるが、学級の実態に応じて範読を入れる。）

8〔説明〕今回も上手に読めました。**一斉音読の評価**

9（第5から20形式段落は同様に、4〔指示〕から6〔説明〕を行う。）

10〔発問〕形式段落の末尾に番号を書きましょう。いくつありましたか。**形式段落の番号**（形式段落は文頭ではなく、末尾に番号をつける。）解答：二十

11〔指示〕この文章は「はじめ」「なか」「まとめ」「むすび」に分けることができます。1から20段落を四つのまとまりに分けましょう。**文章構成と段落の役割**　解答「はじめ」1、2「なか」3〜15「まとめ」16〜19「むすび」20

12〔指示〕「なか」を五つに分けましょう。**文章構成**　解答「なか1」3、4「なか2」5、6「なか3」7〜10「なか4」11、12「なか5」13〜15

13〔指示〕黒板に書いてあることをノートに丁寧に書き写しましょう。**ノートの書き方**

14〔指示〕学習したことを思い出しながら、全文をそろえて読みましょう。「君たちは……」ハイ（9分10秒）。上手に読めました。一斉音読（学習の最後に行う一斉音読はまとめの学習になる。授業者の説明・解説は入れない方がよい。）

15〔説明〕（全文の一斉音読後）今日は文章を声に出して読み、文章構成と段落の役割を考えました。学習の意義

16〔説明〕次の時間はキーワードを探す学習をします。次時の予告

(3) 第1時の授業評価……文章をすらすらとそろえて読み、文章構成と段落の役割を確認している。

6 第2時の学習

(1) 第2時の学習目標……意味段落のキーワードを話し合いながら、取り出している。

(2) 第2時の主な発問・指示・説明

1〔説明〕前の時間に「モアイは語る―地球の未来」の文章構成を考えました。今日は意味段落からキーワードを探します。本時の学習内容の提示（意味段落の「大切な言葉」がキーワードであると初めに簡潔に説明してもよい。）

2〔指示〕1から10段落をそろえて読みましょう。「君たちは……」ハイ（4分30秒）。上手に読めました。一斉音読（一斉音読の後は必ず褒める。）

3〔指示〕1、2段落をそろえて読みましょう。「君たちは……」ハイ（55秒）。一斉音読

4〔指示〕この文章の話題は何か、1段落の言葉で言いましょう。キーワードの抽出（「はじめ」のキーワードは探しにくいので、話題と言い換え、考え方を示す。）解答「モアイ」

5〔指示〕（第3、4形式段落の一斉音読後）3、4段落のキーワードをグループで話し合って、1番目の人が黒板に書きましょう。キーワードの抽出（4人グループをつくり、1から4までの順番を決める。5〔指示〕から7〔指示〕は繰り返しの学習になるが、楽しく取り組むことができる。）解答「ポリネシア人」

6〔指示〕5、6段落のキーワードをグループで話し合って、2番目の人が黒板に書きましょう。キーワードの抽出（第5、6形式段落以降は一斉音読を省略することができる。）解答「ラノ・ララク」

7〔指示〕7から10段落のキーワードをグループで話し合って、3番目の人が黒板に書きましょう。キーワードの抽出 解答「ヤシの木のころ」

8〔指示〕11から20段落をそろえて読みましょう。「私たちの……」ハイ（4分40秒）。一斉音読

9〔指示〕11、12段落のキーワードをグループで話し合って、4番目の人が黒板に書きましょう。キーワードの抽出 解答「未完成のモアイ像」

10（第13から20形式段落も同様に5〔指示〕を行い、グループの代表者が黒板に書く。キーワードを取り出しにくい段落は、授業者がキーワードを示してもよい。）解答：13～15段落「森の消滅」16～19段落「森林は、文明を守る生命線」20段落「有限の資源を効率よく、長期にわたって利用する方策」

11〔指示〕（ノートへの記入と全文の一斉音読後）今日は意味段落からキーワードを探しました。学習の意義

12〔説明〕次の時間は具体的事例と考察・結論の結びつきを学習します。次時の予告

(3) 第2時の授業評価……グループの話し合いを通して、キーワードを探している。

7 第3時の学習

(1) 第3時の学習目標……具体的事例と考察・結論の結びつきを話し合っている。

(2) 第3時の主な発問・指示・説明・板書計画

1〔説明〕前の時間に「モアイは語る―地球の未来」からキーワードを探しました。今日は具体的事例と考察・結論の結びつきを考えます。本時の学習内容の提示

2〔指示〕全文をそろえて読みましょう。「君たちは……」ハイ（9分10秒）。よくそろっています。一斉音読

3〔指示〕意味段落のキーワードを皆さんで言いましょう。1、2段落のキーワードは何ですか。キーワードの確認（第20形式段落まで、同様に聞いた後、形式段落、意味段落、文章構成、キーワードをノートに書く。）解答「モアイ・ポリネシア人（以下略）」

4〔指示〕結論に至るまでの経緯を整理します。空いている括弧に語句・文を入れましょう。また、上の山括弧に「意見」か「根拠」かを書きましょう。具体的事例と考察・結論の整理（謎と判明

した事実を整理するとともに、根拠か意見かも判断する表となっている。ワークシートか、板書で表を示す。）解答例：ア「根拠」 イ「作ったのは誰か。」 ウ「ポリネシア人」 エ「根拠」 オ「どうやって運んだのか。」 カ「ヤシの木のころ」 キ「根拠」 ク「作られなくなったのは何があったのか。」 ケ「森が消滅した。」 コ「根拠」 サ「どうなったのか。」 シ「崩壊してしまった。」 ス「意見」 セ「私たちにも無縁なことではない。」 ソ「意見」 タ「食料」 チ「資源」 ツ「恒常化」 テ「意見」 ト「有限の」 ナ「長期にわたって」 ニ「方策を考えなければならない。」

意見・根拠	謎・判明した事実	概要
〈ア　〉	謎①	絶海の孤島の巨像を〈イ　〉
	判明した事実①	〈ウ　〉が作った。
〈エ　〉	謎②	あれほど大きな像を〈オ　〉
	判明した事実②	〈カ　〉で運んだ。
〈キ　〉	謎③	モアイが突然〈ク　〉
	判明した事実③	木が伐採され〈ケ　〉
〈コ　〉	謎④	モアイを作った文明は〈サ　〉
	判明した事実④	食料危機や抗争を経て文明は〈シ　〉
〈ス　〉		イースター島の運命は〈セ　〉
〈ソ　〉		このままの人口増加が続いていけば、〈タ　〉不足や〈チ　〉の不足が〈ツ　〉する危険性が高い。
〈テ　〉		私たちは、今あるこの〈ト　〉資源をできるだけ効率よく、〈ナ　〉利用する〈ニ　〉

5 〔指示〕「モアイは語る―地球の未来」の感想を発表しましょう。一人30秒ぐらいです。Aさんから、どうぞ。**感想の話し合い**（他の人と同じ感想でもよいと話す。思いつかない生徒には「後で話します」と言うように伝える。）

6 〔指示〕（ノートへの記入後）学習したことを思い出しながら、全文をそろえて読みましょう。「君たちは……」ハイ（9分10秒）。今までで一番上手に読めています。**一斉音読**

7 〔説明〕これで「モアイは語る―地球の未来」の学習を終わります。**学習の意義**

(3) 第3時の授業評価……具体と抽象的概念の関係を整理している。

―第3時の板書計画―

モアイは語る―地球の未来　安田　喜憲

形式段落	意味段落	文章構成	キーワード
1、2	一	「はじめ」	モアイ
3、4	二	「なか1」	ポリネシア人
5、6	三	「なか2」	ラノ・ララク
7～10	四	「なか3」	ヤシの木のころ
11、12	五	「なか4」	未完成のモアイ像
13～15	六	「なか5」	森の消滅
16～19	七	「まとめ」	森林は、文明を守る生命線
20	八	「むすび」	有限の資源を効率よく、長期にわたって利用する方策

（結論に至るまでの経緯の表）

○感想

3年

作られた「物語」を超えて

光村図書

1 教材の特徴

(1) 「はじめ」「なか1・2・3」「小まとめ」「なか4・5・6」「まとめ」「むすび」という構成の「論説」の文章である。
(2) 「なか2・3」はゴリラのドラミングの意味を一段落に一事項ずつ、詳細に説明している。
(3) 「なか2・3」と「小まとめ」では、複数の具体的事例とそれらに共通する性質が書かれていて、具体と抽象的概念の関係が明確である。
(4) 段落の多くで冒頭にキーワードを置いてあり、論理的文章の段落の書き方を熟知している。
(5) 「なか5・6」は誤解に基づく「物語」が人間社会に悲劇をもたらすという内容が抽象的に書かれている。「なか5・6」は、なくても論説の文章として成り立つ。

2 文章構成

形式段落	意味段落	文章構成	段落の役割	キーワード
1	一	はじめ	概要	野生動物の行動を誤解
2、3	二	なか1	具体的事例1	ゴリラ、ドラミング
4	三	なか2	具体的事例2	二つの群れが出会ったとき
5	四	なか3	具体的事例3	群れどうしが出会ったときばかりではない
6	五	小まとめ	共通する性質	いろいろな意味
7	六	なか4	具体的事例4	戦いの宣言と誤解
8	七	なか5	具体的事例5	「物語」を作り、それを仲間に伝えたがる性質
9	八	なか6	具体的事例6	「物語」は、人間の社会にも悲劇をもたらす
10	九	まとめ	共通する性質	自然や動物、人間自身を見る目が誤解に満ちている
11、12	十	むすび	主張	作られた「物語」を超えて、真実を知る

3 学習目標

(1) 文章構成を理解している。

(2) 意味段落からキーワード等を取り出している。
(3) 具体的事例の段落と考察の段落の役割や、具体と抽象的概念の関係に気づいている。

4 学習計画（3時間扱い）

「第1時」(1) 全文を一斉音読する。
(2) 「はじめ」「なか1～3」「小まとめ」「なか4～6」「まとめ」「むすび」という文章構成と段落の役割を確認する。
「第2時」(3) 意味段落ごとのキーワード等を話し合う。
「第3時」(4) 具体と抽象的概念の関係を整理する。

5 第1時の学習

(1) 第1時の学習目標……文章をすらすらと一斉音読して、文章構成と段落の役割を確認している。
(2) 第1時の主な発問・指示・説明

1 〔指示〕今日から「作られた『物語』を超えて」を学習します。題名と筆者名を読みましょう。ノートに書きましょう。本時の学習内容の提示（題名と筆者名を大きくはっきり板書する。）

2 〔指示〕先生が文章を読みます。読めない漢字には仮名を振りながら聞きましょう。第1形式段

落の範読（1分間に400～450字程度の速さで、淡々と読み、難語句も説明する。）
3〔発問〕読み方が分からない文字がありましたか。**読み方の確認**
4〔指示〕1段落をそろえて読みましょう「私たちは、……」ハイ（30秒）。**一斉音読**（句読点は語句・文を見やすく区切る記号のため、音読では句読点で息継ぎをしないで、すらすらと読む。）
5〔指示〕途中でひっかかりましたね。他の人の声を聞きながら、もう一度、読みましょう。「私たちは、……」ハイ（30秒）。**一斉音読**（一斉音読は読み誤りや、そろわないとき、そこで止めてから読み直させる。）
6〔説明〕すらすらとそろえて正しく読めました。**一斉音読の評価**（一斉音読の後は必ず褒める。）
7〔指示〕これからは皆さんだけでそろえて読みましょう。「私が研究……」ハイ（1分10秒）。**第2、3形式段落の一斉音読**（中学3年は範読をなくして、すぐに一斉音読を行えるが、学級の実態に応じて、範読を入れる。）
8〔説明〕先生が読まなくても、そろっていました。**一斉音読の評価**
9（第4から12形式段落は同様に、4〔指示〕から6〔説明〕を行う。）
10〔発問〕形式段落の末尾に番号を書きましょう。いくつありましたか。**形式段落の番号**（形式段落は文頭ではなく、末尾に番号をつける。）解答：十二
11〔指示〕周りの人と話し合いながら、2から9段落を二つに分けましょう。**文章構成**（具体的事例が書いてある段落を大きく二つに分ける。）解答：2～6、7～9
12〔発問〕この文章の1から9段落は、次のような構成になります。1段落「はじめ」2、3段落

「なか1」　4段落「なか2」　5段落「なか3」　6段落「小まとめ」　7段落「なか4」　8段落「なか5」　9段落「なか6」です。10段落と11、12段落の役割は何ですか。**段落の役割**（文章構成が煩雑なため、授業者が段落の役割を示してもよい。）解答：10段落「まとめ」（共通する性質）11、12段落「むすび」（主張）

13〔説明〕（ノートへの記入と全文の一斉音読後）今日は文章を声に出して読み、文章構成や段落の役割を考えました。**学習の意義**

14〔説明〕次の時間はキーワードなどを探す学習をします。**次時の予告**

(3)　第1時の授業評価……文章をすらすらとそろえて読み、文章構成と段落の役割を確認している。

6　第2時の学習

(1)　第2時の学習目標……意味段落のキーワード等を話し合いながら、取り出している。

(2)　第2時の主な発問・指示・説明

1〔説明〕前の時間に「作られた『物語』を超えて」の文章構成を考えました。今日は意味段落からキーワードなどを探します。**本時の学習内容の提示**（意味段落の「大切な言葉」がキーワードであると初めに簡潔に説明してもよい。）

2〔指示〕全文をそろえて読みましょう。「私たちは、……」ハイ（9分11秒）。上手に読めました。**一斉音読**（一斉音読の後は必ず褒める。）

3〔指示〕1段落をそろえて読みましょう。「私たちは、……」ハイ（30秒）。一斉音読

4〔指示〕この文章の話題は何か、1段落の言葉で言いましょう。キーワードの抽出（「はじめ」のキーワードは探しにくいので、話題と言い換え、考え方を示す。）解答「野生動物の行動を誤解」

5〔指示〕（第2、3形式段落の一斉音読後）2、3段落はゴリラのある行動が書かれています。2、3段落のキーワードをグループで話し合って、1番目の人が黒板に書きましょう。キーワードの抽出（4人グループをつくり、1から4までの順番を決める。5〔指示〕から9は繰り返しの学習になるが、楽しく取り組むことができる。）解答「ドラミング」

6〔指示〕4段落のキーワードをグループで話し合って、2番目の人が黒板に書きましょう。キーワードの抽出（第4形式段落以降は一斉音読を省略することができる。）解答「二つの群れが出会ったとき」

7〔指示〕5段落のキーワードをグループで話し合って、3番目の人が黒板に書きましょう。キーワードの抽出 解答「群れどうしが出会ったときばかりではない」

8〔指示〕6段落のキーワードをグループで話し合って、4番目の人が黒板に書きましょう。キーワードの抽出 解答「いろいろな意味」

9（第7、8、9形式段落も同様に6〔指示〕を行い、グループの代表者が黒板に書く。キーワードを取り出しにくい段落は、授業者がキーワードを示してもよい。）解答：7段落「戦いの宣言と誤解」 8段落「『物語』を作り、それを仲間に伝えたがる性質」 9段落「『物語』は、人間の社会にも悲劇をもたらす」

10〔指示〕10段落の重要な文、キーセンテンスはどれですか。1番目の文だと思う人は手を挙げましょう。2番目の文だと思う人……（以下略）。キーセンテンスの抽出（第10形式段落と第11、12形式段落はキーワードを取り出しにくいので、キーセンテンスを探す。）解答：1番目の文

11〔指示〕11、12段落のキーセンテンスを12段落から探し、手を挙げましょう。解答：5番目の文

12〔説明〕（ノートへの記入と全文の一斉音読後）今日は意味段落からキーワードやキーセンテンスを探しました。学習の意義

13〔説明〕次の時間は人間が作り出した「物語」を整理します。次時の予告

(3) 第2時の授業評価……グループの話し合いを通して、キーワード等を探している。

7 第3時の学習

(1) 第3時の学習目標……「物語」について、具体と抽象的概念の関係を整理している。

(2) 第3時の主な発問・指示・説明・板書計画

1〔説明〕前の時間は「作られた『物語』を超えて」からキーワード等を探しました。今日は人間が作り出した「物語」を整理します。本時の学習内容の提示

2〔指示〕（全文の一斉音読後）意味段落のキーワードを皆さんで言いましょう。1、2段落のキーワードは何ですか。キーワードの確認（第12形式段落まで、同様に聞いた後、形式段落、意味段落、文章構成、キーワードをノートに書く。）解答「野生動物の行動を誤解・ゴリラ、ドラミング

（以下略）」

3 〔指示〕2から7段落を表に整理します。ア〜カに語句を入れましょう。キとクには「具体的」か、「抽象的」のどちらかの語句を書きましょう。**具体と抽象的概念の関係の整理**（具体と抽象的概念の関係が明確な意味段落を課題とする。ワークシートか、板書で表を示す。）解答例：ア「ゴリラは好戦的で凶暴な動物だ」イ「いろいろな意味をもつ」ウ「二つの群れが出会ったとき」エ「シルバーバックが胸をたたき、草を引きちぎり、地面をたたく」オ「メスや子供たちの不満」カ「子供たちの誘いかけ」キ「抽象的」ク「具体的」

人間が作り出した「物語」	観察結果の考察	観察結果	ゴリラの行動
（ア　）	ゴリラのドラミングは（イ　）	（ウ　） 群れどうしが出会ったときばかりではない	（エ　） シルバーバックの呼びかけ、制止 （オ　）（カ　）
（キ　）←			→（ク　）

4 〔指示〕9段落を具体と抽象の関係に気をつけて、表にまとめましょう。**具体と抽象的概念の関係の整理**（第9形式段落は具体的事例が不足している。この点に気づく生徒がいたら褒める。）

悲劇の有無	誤解	人間社会の例	筆者の経験
悲劇の発展を抑えられる	（コ　）		
（ケ　）	（サ　）	（シ　）	肌で戦いを感じる機会

解答例：ケ「誤解に基づく『物語』は、悲劇をもたらす」コ「同じ言葉で話し合い、誤解を解く

ことができる」　サ「言葉や文化が違う民族の間では、誤解が修復されないまま敵対意識を増幅する」　シ「ルワンダやコンゴなどの紛争」

5〔指示〕「作られた『物語』を超えて」の感想を発表しましょう。一人30秒ぐらいです。Aさんから、どうぞ。**感想の話し合い**（他の人と同じ感想でもよいと話す。思いつかない生徒には「後で話します」と言うように伝える。）

6〔説明〕（ノートへの記入と全文の一斉音読後）これで「作られた『物語』を超えて」の学習を終わります。**学習の意義**

(3)　第3時の授業評価……二つの表を通し、具体と抽象的概念の関係を整理している。

―第3時の板書計画―

作られた「物語」を超えて　山極　寿一

形式段落	意味段落	文章構成	キーワード
1	一	「はじめ」	野生動物の行動を誤解
2、3	二	「なか1」	ゴリラ、ドラミング
4	三	「なか2」	二つの群れが出会ったとき
5	四	「なか3」	群れどうしが出会ったときばかりではない
6	五	「小まとめ」	いろいろな意味
7	六	「なか4」	戦いの宣言と誤解
8	七	「なか5」	「物語」を作り、それを仲間に伝えたがる性質
9	八	「なか6」	「物語」は、人間の社会にも悲劇をもたらす
10	九	「まとめ」	自然や動物、人間自身を見る目が誤解に満ちている
11、12	十	「むすび」	作られた「物語」を超えて、真実を知る

（第2～7形式段落の表）

（第9形式段落の表）

○感想

3年

絶滅の意味

東京書籍

1 教材の特徴

(1) 「はじめ」「なか1」「なか2」「なか3」「なか4」「まとめ」という構成の「報告」の文章である。

(2) 「なか1」「なか3」には、一段落に一項目ずつ、絶滅の事実や生態系の恩恵の詳細な説明と、それらに共通する性質が書かれていて、具体と抽象的概念の関係が明確である。

(3) 人間が原因となっている現代の生物絶滅がもたらす意味を、中学3年は理解しやすい。

(4) 第27形式段落は「まとめ」としての役割が不十分である。「なか1〜4」に共通する性質を述べるとよい。

(5) 第21から26形式段落は本論に対する反論を想定しているが、具体的事例として「なか4」とする。

2　文章構成

形式段落	意味段落	文章構成	段落の役割	キーワード
1～3	一	はじめ	概要	「生物の絶滅」
4～10	二	なか1	具体的事例1	スピードと原因
11～14	三	なか2	具体的事例2	「生態系」の仕組み
15～20	四	なか3	具体的事例3	多大な恩恵
21～26	五	なか4	具体的事例4	生物の絶滅の影響を推し量ることは、容易ではない
27	六	まとめ	共通する性質	生物の絶滅は不可逆的である

3　学習目標

(1)　文章構成や段落の役割を理解している。
(2)　意味段落からキーワード等を取り出している。
(3)　具体と抽象的概念の関係に気づいている。

4 学習計画（3時間扱い）

「第1時」(1) 全文を一斉音読する。
(2) 「はじめ」「なか1～4」「まとめ」という文章構成と段落の役割を確認する。
「第2時」(3) 意味段落のキーワード等を話し合う。
「第3時」(4) 具体と抽象的概念の関係を整理する。

5 第1時の学習

(1) 第1時の学習目標……文章をすらすらと一斉音読して、文章構成と段落の役割を確認している。
(2) 第1時の主な発問・指示・説明

1〔指示〕今日から「絶滅の意味」を学習します。題名と筆者名を読みましょう。ノートに書きましょう。**本時の学習内容の提示**（題名と筆者名を大きくはっきり板書する。）

2〔指示〕先生が文章を読みます。読めない漢字には仮名を振りながら聞きましょう。**第1～3形式段落の範読**（1分間に400～450字程度の速さで、淡々と読み、難語句も説明する。）

3〔発問〕読み方が分からない文字がありましたか。**読み方の確認**

4〔指示〕1から3段落をそろえて読みましょう「温暖化や……」ハイ（1分15秒）。**一斉音読**（句読点は語句・文を見やすく区切る記号のため、音読では句読点で息継ぎをしないで、すらすらと読む。）

5〔指示〕途中でひっかかりましたね。他の人の声を聞きながら、もう一度、読みましょう。「温暖化や……」ハイ（1分15秒）。一斉音読（一斉音読は読み誤りや、そろわないとき、そこで止めてから読み直させる。）

6〔説明〕すらすらとそろえて正しく読めました。一斉音読の評価（一斉音読の後は必ず褒める。）

7〔指示〕これからは皆さんだけでそろえて読みましょう。「しかし、……」ハイ（35秒）。第4、5形式段落の一斉音読（中学3年は範読をなくして、すぐに一斉音読を行えるが、学級の実態に応じて範読を入れる。）

8〔説明〕先生が読まなくても、そろっていました。一斉音読の評価

9（第6から27形式段落は同様に、4〔指示〕から6〔説明〕を行う。）

10〔発問〕形式段落の末尾に番号を書きましょう。いくつありましたか。形式段落の番号（形式段落は文頭ではなく、末尾に番号をつける。）解答：二十七

11〔指示〕この文章は1から3段落と27段落とが、それぞれ一つのまとまりです。周りの人と話し合いながら、4から26段落を四つに分けましょう。文章構成（具体的事例が書いてある段落を大きく四つに分ける。）解答：4～10、11～14、15～20、21～26

12〔説明〕1から3段落は「はじめ」、4から10段落は「なか1」、11から14段落は「なか2」、15から20段落は「なか3」、21から26段落は「なか4」、27段落は「まとめ」という構成です。段落の

役割（文章構成が煩雑なため、授業者が段落の役割を示してもよい。）
13〔指示〕黒板に書いてあることをノートに丁寧に書き写しましょう。ノートの書き方
14〔説明〕（全文の一斉音読後）今日は文章を声に出して読み、文章構成と段落の役割を考えました。学習の意義
15〔説明〕次の時間はキーワードなどを探す学習をします。次時の予告
(3) 第1時の授業評価……文章をすらすらとそろえて読み、文章構成と段落の役割を確認している。

6 第2時の学習

(1) 第2時の学習目標……意味段落のキーワード等を話し合いながら、取り出している。
(2) 第2時の主な発問・指示・説明
1〔説明〕前の時間に「絶滅の意味」の文章構成を確かめました。今日は意味段落からキーワードなどを探します。本時の学習内容の提示（意味段落の「大切な言葉」がキーワードであると初めに簡潔に説明してもよい。）
2〔指示〕全文をそろえて読みましょう。「温暖化や……」ハイ（11分45秒）。上手に読めました。一斉音読（一斉音読の後は必ず褒める。）
3〔指示〕1から3段落をそろえて読みましょう。「温暖化や……」ハイ（1分15秒）。一斉音読
4〔指示〕この文章の話題は何か、1段落の言葉で言いましょう。キーワードの抽出（「はじめ」の

キーワードは探しにくいので、話題と言い換え、考え方を示す。）解答「『生物の絶滅』」

5〔指示〕（第4から10形式段落の一斉音読後）4から10段落のキーワードをグループで話し合って、1番目の人が黒板に書きましょう。キーワードの抽出（4人グループをつくり、1から4までの順番を決める。5〔指示〕から9〔指示〕は繰り返しの学習になるが、楽しく取り組むことができる。）解答「スピードと原因」

6〔指示〕11から14段落のキーワードをグループで話し合って、2番目の人が黒板に書きましょう。キーワードの抽出（第11形式段落以降は一斉音読を省略することができる。）解答「『生態系』の仕組み」

7〔指示〕15から20段落のキーワードをグループで話し合って、3番目の人が黒板に書きましょう。キーワードの抽出 解答「多大な恩恵」

8〔指示〕21から26段落の重要な文、キーセンテンスを22段落から探します。1番目の文だと思う人は手を挙げましょう。2番目の文だと思う人は手を挙げましょう。キーセンテンスの抽出（第21から26形式段落はキーワードを取り出しにくいので、キーセンテンスを探す。）解答：1番目の文
9〔指示〕27段落のキーワードをグループで話し合って、4番目の人が黒板に書きましょう。キーワードの抽出 解答「生物の絶滅は不可逆的である」

10〔説明〕（ノートへの記入と全文の一斉音読後）今日は意味段落からキーワードやキーセンテンスを探しました。学習の意義
11〔説明〕次の時間は「生物の絶滅」を整理します。次時の予告

(3)　第2時の授業評価……グループの話し合いを通して、キーワード等を探している。

7　第3時の学習

(1)　第3時の学習目標……「現代の絶滅」について、具体と抽象的概念の関係を整理している。
(2)　第3時の主な発問・指示・説明・板書計画

1〔指示〕前の時間は「絶滅の意味」からキーワード等を探しました。今日は「生物の絶滅」を整理します。本時の学習内容の提示
2〔指示〕全文をそろえて読みましょう。「温暖化や……」ハイ（11分45秒）。よくそろいました。一斉音読
3〔指示〕意味段落のキーワードを皆さんで言いましょう。1から3段落のキーワードは何ですか。キーワードの確認（第27形式段落まで、同様に聞いた後、形式段落、意味段落、文章構成、キーワードをノートに書く。）解答「『生物の絶滅』・スピードと原因（以下略）」
4〔指示〕4から10段落を表に整理します。ア～サに語句を入れましょう。シとスには「具体的」か、「抽象的」のどちらかの語句を書きましょう。具体と抽象的概念の関係の整理（具体と抽象的概念の関係が明確な意味段落を選び、課題とする。ワークシートか板書で表を示す。）解答例：ア「スピード」　イ「原因」　ウ「速いスピード」　エ「人間」　オ「千」　カ「四」　キ「リョコウバト」　ク「アマミノクロウサギ」　ケ「乱獲」　コ「すみか」　サ「フイリマングース」　シ「抽象的」　ス

「具体的」

現代の絶滅の意味	歴史的事実の考察	歴史的事実	絶滅の詳細
現代の「生物の絶滅」は（ア　　）と（イ　　）が過去と大きく違う	（ウ　　）で絶滅する （エ　　）が絶滅を引き起こす	（オ　）年に一種から（カ　）年に一種 （キ　　）が絶滅した （ク　　）の絶滅が心配される	食用で（ケ　　）、森林伐採で（コ　　）を失う （サ　　）に捕食された
（シ　　）↑			↓（ス　　）

5 〔指示〕11から14段落は「生態系」の仕組みやその特徴が書かれています。特徴を2か所探し、ノートに書きましょう。**事実の整理**（早く書き上がった生徒5名が黒板に書く。以下、同様とする。）解答：「生態系はそれを構成する多様な生物の相互作用によってその機能を発揮」「個々の生物は生態系に支えられて生存」

6 〔指示〕15から20段落は生態系がもたらす恩恵を述べています。16から19段落から一項目ずつ、生態系がもたらす恩恵を探し、ノートに書きましょう。**事実の整理** 解答「人間の生存に不可欠な基盤を提供」「環境を調整」「資源を得ている」「地域の文化を形作る」

7 〔指示〕21から26段落は生物の絶滅が生態系に与える影響を述べています。23、25、26段落から一項目ずつ、生態系に与える影響を探し、ノートに書きましょう。**事実の整理** 解答「一種類の生物の絶滅が他の生物の絶滅を連鎖的に引き起こす」「どの生物が重要な役割を果たしているのかが分からない」「資源として開発される可能性を失う」

8〔指示〕「絶滅の意味」の感想を発表しましょう。一人30秒ぐらいです。Aさんから、どうぞ。**感想の話し合い**（他の人と同じ感想でもよいと話す。思いつかない生徒には「後で話します」と言うように伝える。）

9〔指示〕黒板に書いてあることをノートに丁寧に書き写しましょう。**ノートの書き方**

10〔指示〕学習したことを思い出しながら、全文をそろえて読みましょう。「温暖化や……」ハイ（11分45秒）。最後まですらすらと読み通せました。**一斉音読**

11〔説明〕これで「絶滅の意味」の学習を終わります。**学習の意義**

(3)　第3時の授業評価……表や事実の整理によって、具体と抽象的概念の関係を整理している。

第3時の板書計画

絶滅の意味　　中静　透

形式段落	意味段落	文章構成	キーワード
1～3	一	「はじめ」	「生物の絶滅」
4～10	二	「なか1」	スピードと原因
11～14	三	「なか2」	「生態系」の仕組み
15～20	四	「なか3」	多大な恩恵
21～26	五	「なか4」	生物の絶滅の影響を推し量ることは、容易ではない
27	六	「まとめ」	生物の絶滅は不可逆的である

（第4～10形式段落の表）

（第11～14形式段落　「生態系」の仕組みやその特徴）

（第16～19形式段落　生態系がもたらす恩恵）

（第21～26形式段落　生物の絶滅が生態系に与える影響）

○感想

第３章

授業実践—文学的文章編—

1年

少年の日の思い出

東京書籍・三省堂・教育出版・光村図書

1 教材の特徴

(1) 「少年の日の思い出」は現在から過去を回想するという額縁型の小説である。「私」が現在の状況を語る前半と、「客」である「僕」が少年時代を「私」に語る後半で成り立っている。

(2) 蝶好きの少年がふとした過ちを犯し、その些細な行為の意味を考えることができる翻訳小説である。過ちをを犯すまでの伏線や、心理が巧みに描かれている。

(3) 蝶集めに夢中になる「僕」やクジャクヤママユの様子が美しく描写されている。

(4) 西欧の短編小説は人物像が劇的に変化している。子どもっぽい「僕」が「一度起きたことは、もう償いのできないものだ」という後悔の念を知り、大人へ変化するという人物像が明快である。

(5) 模範少年エーミールへの「僕」の子どもらしい妬みや憎しみが素直に描かれている。

2 作品の構成

場面	場面の名づけ	場面の区切り
一	語り合う「私」と客	「客は、……次のように語った。」
二	ちょう集めにとりこの僕	「僕は、八つか……見せなかった。」
三	エーミールとクジャクヤママユ	「二年たって、……やめてしまう。』と。」
四	盗みを犯した僕	「エーミールがこの……投げ出したろう。」
五	取り返しのつかない僕	「悲しい気持ちで、……押しつぶしてしまった。」

3 学習目標

(1) 繰り返し音読して、音読の仕方を理解している。
(2) 学習を通して、描写の読み方に気づいている。
(3) 話し合いを通して、人物像の変化を確認している。

4　学習計画（4時間扱い）

「第1時」(1)　全文を一斉音読して、場面ごとに名前をつける。
「第2時」(2)　前半部のいくつかの課題を考え、話し合う。
「第3時」(3)　後半部のいくつかの課題を考え、話し合う。
「第4時」(4)　人物像の変化や、作品全体の感想を話し合う。

5　第1時の学習

(1)　第1時の学習目標……文章をすらすらと一斉音読し、場面に適切な名前をつけている。
(2)　第1時の主な発問・指示・説明

1　〔指示〕今日からヘルマン・ヘッセが書いた「少年の日の思い出」を学習します。題名と作者名を読みましょう。ノートに書きましょう。**本時の学習内容の提示**（題名と作者名を大きくはっきり板書する。）

2　〔指示〕先生が文章を読みます。皆さんは教科書を見ながら聞きましょう。**第一場面の範読**（1分間に400字程度の速さで、淡々と読み、難語句も説明する。）

3　〔発問〕読み方が分からない文字がありましたか。**読み方の確認**（西欧の短編小説である「少年の日の思い出」は描写が多い。描写を音読するのは生徒にとって難しい。）

4〔指示〕「……次のように語った。」の下に「一場面」と書きましょう。小説の構成を意識させる

5〔指示〕一場面をそろえて読みましょう「客は、……」ハイ（2分3秒）。一斉音読（句読点は語句・文を見やすく区切る記号のため、音読では句読点で息継ぎをしないで、すらすらと読む。一斉音読を指導すると、難しい漢熟語の正しい読み方と同時に、読みの速さ、リズムが身につく。）

6〔指示〕途中でひっかかりましたね。他の人の声を聞きながら、もう一度、読みましょう。「客は、……」ハイ（2分3秒）。一斉音読（一斉音読は読み誤りや、そろわないとき、そこで止めてから読み直させる。）

7〔説明〕すらすらとそろえて上手に読めました。一斉音読の評価（一斉音読の後は必ず褒める。）

8〔説明〕一場面は「語り合う『私』と客」と名前をつけます。場面の名づけ（一場面と五場面は名前をつけるのが難しいため、授業者がつけるとよい。）

9〔指示〕二場面から皆さんだけでそろえて読みましょう。「僕は、……」ハイ（2分32秒）。第二場面の一斉音読（中学1年は範読をなくして、すぐに一斉音読を行えるが、学級の実態に応じて範読を入れる。）

10〔説明〕先生が読まなくても、そろっていました。一斉音読の評価

11〔指示〕「……見せなかった。」の下に「二場面」と書きましょう。小説の構成を意識させる

12〔指示〕二場面に周りの人と話し合いながら名前をつけて、発表しましょう。小説の構成を意識させる（黒板の左側に発表内容を授業者が書き出していく。）挙手で決めていきましょう。この案

に賛成の人は手を挙げましょう。（以下、同様に挙手をする。）解答例：二場面「ちょう集めにとりこの僕」

13〔三、四場面は同様に、一斉音読後、12〔指示〕を行う。五場面は授業者が「取り返しのつかない僕」と名前をつける。〕解答例：三場面「エーミールとクジャクヤママユ」四場面「盗みを犯した僕」

14〔説明〕（ノートへの記入と一と五場面の一斉音読後）この時間は「少年の日の思い出」を声に出して読み、場面に名前をつけました。**学習の意義**

15〔説明〕次の時間は、小説前半の課題を話し合います。**次時の予告**

(3) 第1時の授業評価……小説を一斉音読して、音読の仕方を身につけている。

6 第2時の学習

(1) 第2時の学習目標……前半部のいくつかの課題を考え、話し合っている。

(2) 第2時の主な発問・指示・説明

1〔説明〕今日は「少年の日の思い出」の一から三場面を話し合います。**本時の学習内容の提示**

2〔指示〕（一場面の一斉音読後）客が蝶集めに詳しいことが分かる文を探し、傍線を引きましょう。**人物描写**（以下、課題は周りの人と話し合いながら、生徒のつぶやきや、指名等で授業を進める。）解答「友人は、一つのちょうを……羽の裏側を見た」

3〔指示〕客の思い出が「不愉快ででもあるかのよう」だということが分かる客の会話を3か所探し、傍線を引きましょう。会話・人物描写 解答「もう、結構。」「悪く思わないでくれたまえ。」「君の収集を……もらおう。」

4〔指示〕時間の経過が分かるとともに、客の思い出が辛いものだと暗示している情景を3か所探し、四角い枠で囲みましょう。情景描写 解答「昼間の……広がっていた」「たちまち……閉ざされてしまった」「私たちの顔は、……闇一面に鳴いていた」

5〔発問〕（二場面の一斉音読後）一場面に登場する人物のうち、「僕」とはだれですか。「僕」は何歳ですか。語り 解答「客」八つか九つから、十歳ぐらい

6〔指示〕「僕」が蝶集めに夢中になっていることが分かる行動を四角い枠で囲みましょう。人物描写 解答「ちょうを採りに出かけると、……たびたびあった」

7〔指示〕「僕」の蝶の収集箱が貧弱ではあるが、工夫されている様子が描かれているところを探し、四角い枠で囲みましょう。人物描写 解答「古いつぶれた……宝物をしまっていた」

8〔指示〕「僕」から見た、隣の子供の性格を5か所探し、傍線を引きましょう。人物像 解答「非の打ちどころがないという悪徳」「二倍も気味悪い性質」「非常に難しい、珍しい技術」「模範少年」「こっぴどい批評家」

9〔指示〕（三場面の一斉音読後）クジャクヤママユの特徴が分かるところを四角い枠で囲みましょう。会話・人物描写 解答「『とび色の……やめてしまう。』」

10〔説明〕（ノートへの記入と一から三場面の一斉音読後）この時間は小説の前半を学習しまし

た。学習の意義

11〔説明〕次の時間は小説の後半を学習します。次時の予告

(3) 第2時の授業評価……前半部の課題を話し合い、情景描写や人物描写等に気づいている。

7 第3時の学習

(1) 第3時の学習目標……後半部のいくつかの課題を考え、話し合っている。

(2) 第3時の主な発問・指示・説明

1〔説明〕今日は「少年の日の思い出」の四、五場面を話し合います。本時の学習内容の提示

2〔指示〕（四場面の一斉音読後）「僕」がクジャクヤママユを盗むことは、不幸な偶然が連続することで表されています。そこを探し、傍線を引きましょう。語り 解答例「途中で、……会わなかった」「エーミールはいなかったのだ」「そのちょうはまだ……そこにあった」「あいにく、あの有名な……なっていたのだ」「ちょうは、もう……くずれなかった」

3〔指示〕クジャクヤママユの美しい様子を描いたところを2か所探し、四角い枠で囲みましょう。人物描写 解答「とび色の……眺めた」「四つの大きな不思議な……見つめた」

4〔指示〕「僕」の心の動きを空欄に書きましょう。誘惑に負ける→（　　　）→（　　　）→下劣なやつだ→（　　　）→大それた恥ずべきことをしたという、冷たい気持ち→（　　　）心理的

表現 解答例：大きな満足感、良心は目覚めた、恐ろしい不安、僕の心を苦しめた

5〔発問〕「僕の良心」が目覚めたきっかけは何ですか。心理的表現 解答「下の方から……聞こえた」

6〔発問〕「僕」が感じた「不幸」は何ですか。語り 解答例：クジャクヤママユがつぶれてしまった

7〔指示〕（五場面の一斉音読後）つぶれたクジャクヤママユをエーミールが直した様子が分かるところを探し、四角い枠で囲みましょう。人物描写 解答「壊れた羽は……やはりなくなっていた」

8〔指示〕「僕」がクジャクヤママユを盗んだと説明した後のエーミールの様子を四角い枠で囲みましょう。会話・人物描写 解答「エーミールは、激したり、……と言った」

9〔発問〕エーミールの軽蔑により「僕」は何を悟りましたか。心理的表現 解答「一度起きたことは、もう償いのできないもの」

10〔説明〕（ノートへの記入と四、五場面の一斉音読後）この時間は小説の後半を学習しました。学習の意義

11〔説明〕次の時間は人物像を考え、感想を発表します。次時の予告

(3) 第3時の授業評価……後半部のいくつかの課題を話し合い、人物描写や心理的表現等に気づいている。

8　第4時の学習

(1)　第4時の学習目標……人物像の変化や感想を話し合っている。
(2)　第4時の主な発問・指示・説明・板書計画

1　〔説明〕今日は「少年の日の思い出」の人物像の変化や感想を話し合います。本時の学習内容の提示

2　〔指示〕（全文の一斉音読後）登場人物を出てきた順にノートに書きましょう。呼び方に違いがあるときは、括弧に書きましょう。登場人物の確認（以下、書き上げた生徒5名が黒板に書く。異称も含め登場人物を列挙する。登場人物は会話をした人物とするため、妹たち、女中は入れない。）解答例：板書を参照

3　〔指示〕「僕」の行動を空欄に書き、その様子を書きましょう。人物像の変化 解答例：板書を参照

4　〔指示〕①から⑧を前後に分けるなら、どこで区切れますか。人物像の変化 解答例：⑥と⑦の間

5　〔指示〕「僕」が変化したきっかけをノートに書き、話し合いましょう。人物像の変化の理由（人物像の変化の理由を考える発問である。）解答例：板書を参照

6　〔指示〕（ノートへの記入後）「少年の日の思い出」の感想を発表しましょう。一人30秒ぐらいです。Aさんから、どうぞ。感想の話し合い（思いつかない生徒には「後で話します」と言うように伝

える。生徒同士の発表が聞きやすいように、場面の名前を板書する。）

7 〔説明〕皆さんがいろいろな感想をもっていることが分かって、とても興味深かったです。これで「少年の日の思い出」の学習を終わります。**学習の意義**

(3) 第4時の授業評価……人物像の変化を確かめ、感想を話し合っている。

―第4時の板書計画―

少年の日の思い出　ヘルマン・ヘッセ

○ 登場人物
1 私（自分、僕、君）
2 私の末の男の子
3 客（彼、友人、僕、おまえ、君、そんなやつ）
4 エーミール（隣の子供、先生の息子、この少年、彼、模範少年、こっぴどい批評家、僕、あいつ）
5 一人の友達
6 母

○ 僕の様子の変化
①（僕はちょう集めのとりこになる。）
② クジャクヤママユの話に興奮する。
③（クジャクヤママユをエーミールの部屋から持ち出す。）
④（クジャクヤママユを机の上に置くが、つぶれてしまう。）
⑤ 母に言われて、エーミールに謝りに行く。
⑥（僕のおもちゃをみんなやる、自分のちょうの収集を全部やる、と言ったが、エーミールが断る）
← きっかけ　（おもちゃや自分のちょうでは償いにならないと分かった。子どもから大人に変わった。）
⑦ 一度起きたことは、もう償いのできないものだということを悟る。
⑧（闇の中で集めたちょうを指で粉々に押しつぶす。）

○ 感想
一場面―語り合う「私」と客
二場面―ちょう集めにとりこの僕
三場面―エーミールとクジャクヤママユ
四場面―盗みを犯した僕
五場面―取り返しがつかない僕

1年 トロッコ

三省堂

Ⅰ 教材の特徴

(1) 「トロッコ」は一九二二（大正十一）年三月発行の雑誌『大観』が初出である。「良平」が憧れのトロッコに触れることで未知の体験をする様子が約四九〇〇字で描かれている。

(2) 作品の前半は「良平」の幼少期の出来事を克明に表現され、後半はそれらに思いを馳せる大人になってからの様子が描かれるという二部構成である。時間や場所の変化といった場面の展開が明快である。

(3) 「良平」は土工とトロッコを押し始めたときは喜ぶが、見知らぬ土地に来てから一人での帰宅を促されて絶望することになる。幸福から焦燥へと移り変わるといった、感情の落差が表現されている。

(4) 強い好奇心や無鉄砲ゆえの失敗など、少年時代の心情や行動が分かりやすく描かれている。

(5) 「良平」の心情を映した情景描写が多く、トロッコに乗った喜びやその後の不安などが沿線の風景に託されている。これらが人物像に効果的に反映され、人物像が立体的に描かれている。

2 作品の構成

場面	場面の名づけ	場面の区切り
一	トロッコへの憧れ	「小田原・熱海間に、……思うのである。」
二	初めて触れたトロッコ	「ある夕方、……薄れるらしい。」
三	トロッコに乗る喜び	「そののち……わかりきっていた。」
四	土工たちとの別れ	「その次に……走りだした。」
五	一人の帰り道	「良平は……駆け続けた。」
六	帰宅	「彼の村へ……断続している。…………」

3 学習目標

(1) 繰り返し音読して、音読の仕方を理解している。
(2) 学習を通して、描写の読み方に気づいている。
(3) 話し合いを通して、人物像の変化を確認している。

4　学習計画（4時間扱い）

「第1時」(1)　全文を音読し、場面ごとに名前をつける。
「第2時」(2)　前半部のいくつかの課題を考え、話し合う。
「第3時」(3)　後半部のいくつかの課題を考え、話し合う。
「第4時」(4)　作品の感想を話し合う。

5　第1時の学習

(1)　第1時の学習目標……文章をすらすらと一斉音読し、場面に適切な名前をつけている。
(2)　第1時の主な発問・指示・説明

1〔指示〕今日から芥川龍之介の書いた「トロッコ」を学習します。題名と作者名を読みましょう。本時の学習内容の提示（題名と作者名を大きくはっきり板書する。）

2〔指示〕先生が文章を読みます。皆さんは教科書を見ながら聞きましょう。第一場面の範読（1分間に400字程度の速さで、淡々と読み、難語句も説明する。）

3〔発問〕読み方が分からない文字がありましたか。読み方の確認（中学1年にとって、本格的な近代小説の学習は初めてといってよい。描写を読み慣れるのが難しい。）

4〔指示〕「……思うのである。」の下に「一場面」と書きましょう。**小説の構成を意識させる**

5〔指示〕一場面をそろえて読みましょう「小田原・……」ハイ（1分5秒）。**一斉音読**（句読点は語句・文を見やすく区切る記号のため、音読では句読点で息継ぎをしないで、すらすらと読む。一斉音読を指導すると、難しい文章の正しい読み方と同時に、読みの速さやリズムが身につく。）

6〔指示〕途中でひっかかりましたね。他の人の声を聞きながら、もう一度、読みましょう。「小田原・……」ハイ（1分5秒）。**一斉音読**（一斉音読は読み誤りや、そろわないとき、そこで止めてから読み直させる。）

7〔説明〕すらすらとそろえて読めました。**一斉音読の評価**（一斉音読の後は必ず褒める。）

8〔説明〕一場面は「トロッコへの憧れ」と名前をつけます。**場面の名づけ**（一場面と六場面は名前をつけるのが難しいため、授業者がつけるとよい。）

9〔指示〕二場面から皆さんだけでそろえて読みましょう。「ある夕方、……」ハイ（2分2秒）。**第二場面の一斉音読**（中学1年は範読をなくして、すぐに一斉音読を行えるが、学級の実態に応じて範読を入れる。）

10〔説明〕先生が読まなくても、そろっていました。**一斉音読の評価**

11〔指示〕「……薄れるらしい。」の下に「二場面」と書きましょう。**小説の構成を意識させる**

12〔指示〕二場面に周りの人と話し合いながら名前をつけて、発表しましょう。**小説の構成を意識させる**（黒板の左側に発表内容を授業者が書き出していく。）挙手で決めていきましょう。この案に賛成の人は手を挙げましょう。（以下、同様に挙手をする。）解答例：二場面「初めて触れたトロッコ」

13〔三から五場面は同様に、一斉音読後、12〔指示〕を行う。六場面は授業者が「帰宅」と名前をつける。〕解答例：三場面「トロッコに乗る喜び」四場面「土工たちとの別れ」五場面「一人の帰り道」

14〔指示〕学習したことを思い出しながら、全文をそろえて読みましょう。「小田原・……」ハイ〔11分15秒〕。長い文章を読めました。**一斉音読**〔学習の最後に行う一斉音読はまとめの学習になる。授業者の解説は入れない方がよい。〕

15〔説明〕この時間は「トロッコ」を声に出して読み、場面に名前をつけました。**学習の意義**

16〔説明〕次の時間は、小説前半の課題を話し合います。**次時の予告**

(3) 第1時の授業評価……小説を一斉音読して、音読の仕方を身につけている。

6 第2時の学習

(1) 第2時の学習目標……前半部のいくつかの課題を考え、話し合っている。

(2) 第2時の主な発問・指示・説明

1〔説明〕今日は「トロッコ」の一から三場面を話し合います。**本時の学習内容の提示**

2〔発問〕〔一場面の一斉音読後〕この小説の主人公はだれですか。主人公は何歳ですか。また、主人公はどこに住んでいますか。**語り**〔以下、課題は周りの人と話し合いながら、生徒のつぶやき

や、指名等で授業を進める。）解答：良平、八歳、小田原と熱海間の村

3〔発問〕良平の望みは何ですか。この望みは実現しましたか。また、何回実現しましたか。語り 解答例：土工になりたい、トロッコへ乗りたい、トロッコを押したい、望みは実現した、二回

4〔指示〕良平がトロッコに憧れている様子を探し、傍線を引きましょう。人物描写 解答「毎日村外れへ、その工事を見物に行った」

5〔発問〕（一場面の一斉音読後）良平が一回目にトロッコに乗ったのはいつですか。だれと一緒に乗りましたか。語り 解答：二月の初旬、弟と隣の子供

6〔発問〕一回目にトロッコに乗ったときはどういう結果に終わりましたか。語り 解答例：無断で乗ったので土工にどなられた

7〔指示〕一回目に無断でトロッコに乗っているときの快適さを描いている様子を探し、傍線を引きましょう。情景描写 解答「そのとたんに突き当たりの……ほとんど有頂天になった」

8〔発問〕（二場面の一斉音読後）良平が二回目にトロッコに乗ったのはいつですか。トロッコに乗って初めは楽しかったですか。その楽しさは最後まで続きましたか。語り 解答：一月中旬、初めは楽しかった、最後まで楽しさは続かない

9〔発問〕「おじさん。押してやろうか？」と言った良平の本音はAとBのどちらですか。A「おじさん、押させてください。」B「おじさん、押してあげましょうか。」心理的表現 解答：A

10〔指示〕色彩を用いて、季節と時刻が同時に分かり、良平の喜びが託されている文を探し、傍線を引きましょう。情景描写 解答「そこには両側の……黄色い実が幾つも日を受けている」

11〔指示〕二回目にトロッコに乗って、良平が上機嫌になっている様子を探し、傍線を引きましょう。情景描写 解答「トロッコは三人が……走りだした」

12〔指示〕良平はトロッコに乗っているうちにだんだん不安になってきます。楽しさと不安の境目になっている段落を探し、四角い枠で囲みましょう。また、この四角い枠の中から、温かい景色から急激な変化を表した情景を探し、傍線を引きましょう。情景描写 解答「竹やぶの……感じられた」「広々と薄ら寒い海」

13〔発問〕「車は海を右」とありますが、トロッコは小田原から熱海に向かっていますか、それとも熱海から小田原に向かっていますか。情景描写 解答：熱海から小田原に向かっている

14〔説明〕（ノートへの記入と一から三場面の一斉音読後）この時間は小説の前半を学習しました。学習の意義

15〔説明〕次の時間は、小説の後半を学習します。次時の予告

(3) 第2時の授業評価……前半部の課題を話し合い、情景描写に気づいている。

7 第3時の学習

(1) 第3時の学習目標……後半部のいくつかの課題を考え、話し合っている。
(2) 第3時の主な発問・指示・説明

1〔説明〕今日は「トロッコ」の四から六場面を話し合います。本時の学習内容の提示

2〔指示〕（四場面の一斉音読後）八歳である良平が土工に気遣ってとった行動を探し、傍線を引きましょう。このとき、お菓子は美味しかったですか。人物描写 解答「が、すぐに……口へ入れた。」石油のにおいがしみついていたから不味かった

3〔指示〕良平の「帰ることばかり気にしていた」という心情が行動によく表れているところを探し、傍線を引きましょう。人物描写 解答「トロッコの車輪を……押してみたり」

4〔指示〕季節と時刻が同時に分かり、良平の不安な心情が託されている文を探し、傍線を引きましょう。情景描写 解答「茶店の前には花の咲いた梅に、西日の光が消えかかっている」

5〔発問〕「泣いている場合ではないとも思った」とありますが、今は何をする場合だと良平は判断していますか。心理的表現 解答例：一刻も早く帰る場合

6〔発問〕（五場面の一斉音読後）帰り道、良平は邪魔になるものを次々に捨てていきました。捨てたものを順に言いましょう。人物描写 解答：菓子包み、板草履、羽織

7〔指示〕良平の必死さが表れている行動を探し、四角い枠で囲みましょう。人物描写 解答「良平はしばらく……鼻だけはたえずくうくう鳴った」

8〔指示〕時間の経過が表れている景色を一文で探し、傍線を引きましょう。情景描写 解答「夕焼けの……消えかかっていた」

9〔指示〕（六場面の一斉音読後）家に着いたときの良平の行動が描かれているところを探し、四角い枠で囲みましょう。人物描写 解答「彼のうちの門口……すすりあげすすりあげ泣き続けた」

10〔発問〕「すすりあげすすりあげ泣き続けた」という行動に描かれた心情はAとBのどちらです

か。心理的表現　A．今までの心細さがあふれている。B．辛さを分かってもらえず悔しい。解答：B

11〔発問〕二十六歳になった良平はどのような生活を送っていますか。一つ選びましょう。A．華やかなジャーナリズムの世界で充実した毎日　B．平凡なビジネスパーソンの生活　C．明日の食事にも困るほどの切羽詰まった生活　解答：B

12〔説明〕（ノートへの記入と四～六場面の一斉音読後）この時間は小説の後半を学習しました。学習の意義

13〔説明〕次の時間は人物像の変化を考え、感想を発表します。次時の予告

(3)　第3時の授業評価……後半部の課題を話し合い、情景描写や人物描写に気づいている。

8　第4時の学習

(1)　第4時の学習目標……人物像の変化や感想を話し合っている。

(2)　第4時の主な発問・指示・説明・板書計画

1〔説明〕今日は「トロッコ」の人物像の変化や感想を話し合います。本時の学習内容の提示

2〔指示〕登場人物を出てきた順にノートに書きましょう。呼び方に違いがあるときは、括弧に書きましょう。登場人物の確認（以下、書き上げた生徒5名が黒板に書く。異称も含め登場人物を列挙する。登場人物は会話をした人物とするため、弟、隣の子供、かみさん、父、近所の女衆三、四

人は入れない。）解答例：板書を参照

3〔発問〕良平の初めの様子をノートに書きましょう。**人物像の変化** 解答例：土工になりたい、トロッコへ乗りたい、トロッコを押したい

4〔発問〕良平の終わりの様子をノートに書きましょう。**人物像の変化** 解答例：早く家に帰りたい、命さえ助かればいい

5〔発問〕良平が変化したきっかけは何ですか。**人物像の変化** 解答例：トロッコで遠くに来すぎた

6〔発問〕空欄AからE（板書を参照）に当てはまる良平の心情を書きましょう。**人物像の変化**（作品の文言を使っても、自分で考えた言葉を使ってもいいと話す。）解答例：板書を参照

7〔指示〕（ノートへの記入後）「トロッコ」の感想を発表しましょう。一人30秒ぐらいです。Aさんから、どうぞ。**感想の話し合い**（思いつかない生徒には「後で話します」と言うように伝える。）

第4時の板書計画

トロッコ　　芥川　龍之介

○登場人物
1 良平（彼、われ）　2 背の高い土工
3 二人の若い土工（おじさん、しまのシャツを着ている男、耳に巻きたばこを挟んだ男）
4 女衆、男衆　5 母

○良平の変化

はじめ
場面
一 初めの様子 土工になりたい、トロッコへ乗りたい、トロッコを押したい

なか
二 トロッコは最初おもむろに、それからみるみる勢いよく、ひと息に線路を下りだした。
↓（A 有頂天 ）

三 両側のみかん畑に、黄色い実が幾つも日を受けている。↓（B 喜び ）
広々と薄ら寒い海が開けた。↓（C 心細さ ）
変化のきっかけ……トロッコで遠くに来すぎた

四 茶店の前には花の咲いた梅に、西日の光が消えかかっている。↓（D 不安 ）

五 夕焼けのした日金山の空も、もうほてりが消えかかっていた。

おわり
終わりの様子 早く家に帰りたい↓命さえ助かればいい↓（E 必死 ）

六 激しく泣く。
大人になって塵労に疲れる。

○感想

生徒同士の発表が聞きやすいように、場面の名前を板書するとよい。）

8〔説明〕皆さんがいろいろな感想をもっていることが分かって、とても興味深かったです。これで「トロッコ」の学習を終わります。**学習の意義**

(3)　第4時の授業評価……人物像の変化を確かめ、感想を話し合っている。

2年

走れメロス

東京書籍・三省堂・教育出版・光村図書

1　教材の特徴

(1) 「走れメロス」は「(古伝説と、シルレレの詩から。)」と作品の最後に示されている。
(2) 語り、描写、会話、独り言が短い文でテンポよく続き、全体が緊張した文体で描かれている。
(3) 単純なメロスが訳のわからぬ大きな力に引きずられて走る人物へと変化し、人間不信だったディオニス王が人間を信じられる人物へと変容する。
(4) 濁流、山賊、疲労という三つの障害のために倒れたメロスは投げやりになっているが、泉のそばで疲労を回復し、水を飲み立ち直る。ここがメロスの人物像の変化のきっかけとなっている。
(5) 人物像の変化の場面ではメロスの独り言が続き、心の葛藤を分かりやすく表現している。
(6) 人物像とその変化の様子が捉えやすいため、近代小説の読み方の学習に適している。

2 作品の構成

場面	場面の名づけ	場面の区切り
一	メロスとディオニス王の賭け	「メロスは激怒……満天の星である。」
二	妹の結婚式	「メロスはその夜、……深く眠った。」
三	三つの障害のために倒れたメロス	「目が覚めたのは、……まどろんでしまった。」
四	泉のそばで立ち直ったメロス	「ふと耳に、……ほどかれたのである。」
五	ディオニス王に勝ったメロス	「『セリヌンティウス。』メロスは……赤面した。」

3 学習目標

(1) 繰り返し音読して、音読の仕方を理解している。
(2) 学習を通して、描写の読み方に気づいている。
(3) 話し合いを通して、人物像の変化を確認している。

4　学習計画（4時間扱い）

「第1時」(1)　全文を一斉音読して、場面ごとに名前をつける。

「第2時」(2)　前半部のいくつかの課題を考え、話し合う。

「第3時」(3)　後半部のいくつかの課題を考え、話し合う。

「第4時」(4)　人物像の変化や、作品全体の感想を話し合う。

5　第1時の学習

(1)　第1時の学習目標……文章をすらすらと一斉音読し、場面に適切な名前をつけている。
(2)　第1時の主な発問・指示・説明

1〔指示〕今日から太宰治が書いた「走れメロス」を学習します。題名と作者名を読みましょう。ノートに書きましょう。**本時の学習内容の提示**（題名と作者名を大きくはっきり板書する。）

2〔指示〕先生が文章を読みます。皆さんは教科書を見ながら聞きましょう。**第一場面の範読**（1分間に400～450字程度の速さで、淡々と読み、難語句も説明する。）

3〔発問〕読み方が分からない文字がありましたか。**読み方の確認**（「走れメロス」の文章は漢語の多い文体である。生徒には難しいため、読み方を確認する。）

4〈指示〉「……満点の星である。」の下に「一場面」と書きましょう。小説の構成を意識させる

5〈指示〉一場面をそろえて読みましょう「メロスは激怒……」ハイ（5分30秒）。一斉音読（句読点は語句・文を見やすく区切る記号のため、音読では句読点で息継ぎをしないで、すらすらと読む。一斉音読を指導すると、難しい漢熟語の正しい読み方と同時に、読みの速さ、リズムが身につく。）

6〈指示〉途中でひっかかりましたね。他の人の声を聞きながら、もう一度、読みましょう。「メロスは激怒……」ハイ（5分30秒）。一斉音読（一斉音読は読み誤りや、そろわないとき、そこで止めてから読み直させる。）

7〈説明〉そろえてよく読めました。一斉音読の評価（一斉音読の後は必ず褒める。）

8〈説明〉一場面は「メロスとディオニス王の賭け」と名前をつけます。場面の名づけ（一場面と五場面は名前をつけるのが難しいため、授業者がつけるとよい。）

9〈指示〉二場面から皆さんだけでそろえて読みましょう。「メロスはその夜、……」ハイ（3分10秒）。第二場面の一斉音読（中学2年は範読をなくして、すぐに一斉音読を行えるが、学級の実態に応じて範読を入れる。）

10〈説明〉すらすらと上手に読めました。一斉音読の評価

11〈指示〉「……深く眠った。」の下に「二場面」と書きましょう。小説の構成を意識させる

12〈指示〉二場面に周りの人と話し合いながら名前をつけて、発表しましょう。小説の構成を意識させる（黒板の左側に発表内容を授業者が書き出していく。）挙手で決めていきましょう。この案に賛成の人は手を挙げましょう。（以下、同様に挙手をする。）解答例：二場面「妹の結婚式」

13〔三、四場面は同様に、一斉音読後、12〔指示〕を行う。五場面は授業者が「ディオニス王に勝ったメロス」と名前をつける。〕解答例：三場面「三つの障害のために倒れたメロス」四場面「泉のそばで立ち直ったメロス」

14〔説明〕（ノートへの記入と一と五場面の一斉音読後）この時間は「走れメロス」を声に出して読み、場面に名前をつけました。学習の意義

15〔説明〕次の時間は、小説前半の課題を話し合います。次時の予告

(3) 第1時の授業評価……小説を一斉音読して、音読の仕方を身につけている。

6 第2時の学習

(1) 第2時の学習目標……前半部のいくつかの課題を考え、話し合っている。

(2) 第2時の主な発問・指示・説明

1〔説明〕今日は「走れメロス」の一、二場面を話し合います。本時の学習内容の提示

2〔発問〕（一場面の一斉音読後）メロスの職業は何ですか。家族はだれがいますか。語り（以下、課題は周りの人と話し合いながら、生徒のつぶやきや、指名等で授業を進める。）解答：牧人、妹が一人

3〔発問〕シラクスはメロスの村からはどのくらい離れていますか。また、メロスがシラクスに来た目的は何ですか。語り 解答例：十里（約39キロメートル）、妹の結婚式の準備のため

4〔指示〕メロスの性格や考え方が分かるところを探し、傍線を引きましょう。人物像 解答例「政治がわからぬ」「邪悪に対しては、人一倍に敏感」「のんき」「単純な男」

5〔指示〕シラクスの町の人々がディオニス王を恐れおののいていることが分かる2文を探し、傍線を引きましょう。人物描写 解答「若い衆は、首を振って答えなかった」「老爺は、……答えた」

6〔発問〕ディオニス王は少なくとも何人殺していますか。語り 解答：12人

7〔指示〕ディオニス王の苦悩している様子を目に見えるように描いている2文を探し、傍線を引きましょう。人物描写 解答「その王の顔は……深かった」「暴君は……ため息をついた」

8〔指示〕メロスと王の賭けをノートに書きましょう。会話 解答例：処刑まで三日間の日限を貰う。三日目の日暮れまでに帰って来なかったら、セリヌンティウスを絞め殺す。

9〔指示〕セリヌンティウスがメロスを信じていることが分かる文を探し、傍線を引きましょう。人物描写 解答「セリヌンティウスは……抱き締めた」

10〔指示〕ディオニス王が人の誠意を信じていないことがよく分かる独り言を四角い枠で囲みましょう。心理的表現 解答「生意気なことを……やりたいものさ」

11〔指示〕結婚式での不吉な天気に傍線を引きましょう。情景描写 解答「黒雲が空を覆い、……大雨となった」

12〔説明〕（ノートへの記入と一、二場面の一斉音読後）この時間は小説の前半を学習しました。学習の意義

13〔説明〕次の時間は小説の後半を学習します。次時の予告

(3) 第2時の授業評価……前半部の課題を話し合い、情景描写や人物描写等に気づいている。

7 第3時の学習

(1) 第3時の学習目標……後半部のいくつかの課題を考え、話し合っている。

(2) 第3時の主な発問・指示・説明

1 〔説明〕今日は「走れメロスの」の三から五場面を話し合います。 本時の学習内容の提示

2 〔指示〕(三場面の一斉音読後) メロスが目覚めたのは何日目で、時刻はいつ頃ですか。 語り 解答例：三日目の薄明の頃

3 〔指示〕メロスの前に現れた濁流の激しさを描いたところを2か所探し、四角い枠で囲みましょう。 情景描写 解答「昨日の豪雨で……海のようになっている」「濁流は、……消えていく」

4 〔指示〕メロスが必死になって濁流を泳ぎ切っているところを探し、四角い枠で囲みましょう。 人物描写 解答「メロスはざんぶと……できたのである」

5 〔指示〕メロスが素早い動きで山賊と戦いながら上手に逃げ切っている様子を探し、四角い枠で囲みましょう。 情景描写 解答「山賊たちは、……峠を下った」

6 〔指示〕心身ともに疲れ切ったメロスの独り言を探し、四角い枠で囲みましょう。 情景描写 解答「私は、これほど努力したのだ。……やんぬるかな」

7 〔発問〕(四場面の一斉音読後) 挫折したメロスが再び立ち上がり、歩くことができた理由は何で

すか。人物像の変化 解答例：睡眠と水分補給という肉体の疲労回復

8〔指示〕時間経過を情景で描いている2文を探し、傍線を引きましょう。情景描写（メロスの心境の変化を太陽光に託している。）解答「斜陽は、……輝いている」「塔楼は、……光っている」

9〔指示〕メロスが力の限り走る様子を探し、四角い枠で囲みましょう。人物描写 解答「道行く人を……十倍も速く走った」

10〔指示〕フィロストラトスの登場の意味は、次のうちどれですか。会話 ①セリヌンティウスの伝言を言う。②必死になっている人間に余計なことを言う。③ディオニス王の現状を伝える。解答②

11〔指示〕（五場面の一斉音読後）ディオニス王の劇的な変化が分かる文を探し、傍線を引きましょう。人物描写 解答「暴君ディオニスは、……こう言った」

12〔説明〕（ノートへの記入と三から五場面の一斉音読後）この時間は小説の後半を学習しました。学習の意義

13〔説明〕次の時間は人物像を考え、感想を発表します。次時の予告

(3) 第3時の授業評価……後半部の課題を話し合い、情景描写や人物描写等に気づいている。

8 第4時の学習

(1) 第4時の学習目標……人物像の変化や感想を話し合っている。

(2) 第4時の主な発問・指示・説明・板書計画

1〔説明〕今日は「走れメロス」の人物像の変化や感想を話し合います。**本時の学習内容の提示**

2〔指示〕（全文の一斉音読後）登場人物を出てきた順にノートに書きましょう。呼び方に違いがあるときは、括弧に書きましょう。**登場人物の確認**（以下、書き上げた生徒5名が黒板に書く。）異称も含め登場人物を列挙する。登場人物は会話をした人物とするため、若い衆、巡邏の警吏、村人、少女（かわいい娘さん）は入れない。）解答例：板書を参照

3〔指示〕メロス、ディオニス、セリヌンティウスの初めと終わりの様子をそれぞれノートに書きましょう。**人物像の変化** 解答例：板書を参照

4〔発問〕メロスとディオニスが変化したきっかけは何ですか。また、セリヌンティウスはメロスをずっと信じていましたか。**人物像の変化の理由** 解答例：板書を参照

5〔指示〕（ノートへの記入後）「走れメロス」の感

第4時の板書計画

走れメロス　太宰　治

○登場人物
1　メロス（おまえ、私、彼、兄、よき友、メロス様、あなた、君、勇者）　2　老爺
3　ディオニス（王様、国王、王、暴君ディオニス、わし）
4　セリヌンティウス（竹馬の友、よき友、身代わりの男、君、あの男、セリヌンティウス様、その人、彼、あの方）
5　妹（花嫁、新婦、おまえ）
6　花婿（婿の牧人、新郎、優しい亭主、メロスの弟）
7　山賊
8　フィロストラトス（セリヌンティウス様の弟子、若い石工）
9　群衆

○人物像の変化
メロスの初めの様子　単純な男
↓きっかけ（濁流、山賊、疲労に倒れたが立ち直った）
メロスの終わりの様子　訳のわからぬ大きな力に引きずられて走った
ディオニスの初めの様子　人の誠意を信じない
↓きっかけ（メロスが約束を守り、二人が殴り合う姿を見た）
ディオニスの終わりの様子　人の誠意を信じた
セリヌンティウスの初めの様子　無言でうなずいた
↓中の様子（一度だけ、メロスを疑った）
セリヌンティウスの終わりの様子　頬を殴ってから声を放って泣いた

○感想
一場面―メロスとディオニス王の賭け
二場面―妹の結婚式
三場面―三つの障害のために倒れたメロス
四場面―泉のそばで立ち直ったメロス
五場面―ディオニス王に勝ったメロス

想を発表しましょう。一人30秒ぐらいです。Aさんから、どうぞ。**感想の話し合い**（思いつかない生徒には「後で話します」と言うように伝える。生徒同士の発表が聞きやすいように、場面の名前を板書する。）

6〔説明〕皆さんがいろいろな感想をもっていることが分かって、とても興味深かったです。これで「走れメロス」の学習を終わります。**学習の意義**

(3)　第4時の授業評価……人物像の変化を確かめ、感想を話し合っている。

1年/2年/3年

坊っちゃん

光村図書1年/東京書籍・教育出版2年/三省堂3年

1　教材の特徴

(1) 本教材は長編の冒頭が取り上げられ、主に坊っちゃんの生い立ちが描かれている。
(2) 冒頭だけでも特色のある、愉快な人間像を生き生きと個性的な表現で描いている。「坊っちゃん」の魅力に十分に触れることができ、学習後に全編を読むことにつなげることができる。
(3) 各センテンスは短く、きびきびとした歯切れのよい文章である。また、主語も省略されることが多く、日本語の自然な表現となっている。
(4) 「坊っちゃん」は回想形式で描かれており、坊っちゃんの回想している時点の視点で、無鉄砲な行動や単純な考えなどが、大変巧みに描かれている。
(5) 坊っちゃんは公平で正義感が強く、間違ったことが嫌いという長所をもっているが、その反面、未熟な一面もあるため、坊っちゃんを英雄扱いしないよう留意したい。

2 作品の構成

場面	場面の名づけ	場面の区切り
一	親譲りの無鉄砲	「親譲りの……死ぬまで消えぬ。」
二	少年時代のいたずらやけんか	「庭を東へ……すんだようである。」
三	坊っちゃんの家族	「おやじはちっとも……言いだした。」
四	清の愛	「そのときは……褒めてくれる。」
五	父の死と坊っちゃんの進学	「母が死んでから五、六年の間は……会わない。」
六	坊っちゃんの就職	「俺は六百円の……甥こそいい面の皮だ。」
七	清との別れ	「いよいよ約束が決まって、……小さく見えた。」

3 学習目標

(1) 繰り返し音読して、音読の仕方を理解している。
(2) 学習を通して、坊っちゃんと家族、清との関係に気づいている。
(3) 生徒全員が個性的な感想を話し合っている。

4 学習計画（4時間扱い）

「第1時」(1) 全文を一斉音読して、場面ごとに名前をつける。
「第2時」(2) 前半部のいくつかの課題を考え、話し合う。
「第3時」(3) 後半部のいくつかの課題を考え、話し合う。
「第4時」(4) 課題や、作品全体の感想を話し合う。

5 第1時の学習

(1) 第1時の学習目標……文章をすらすらと一斉音読し、場面に適切な名前をつけている。
(2) 第1時の主な発問・指示・説明

1 〔指示〕今日から夏目漱石が書いた「坊っちゃん」を学習します。題名と作者名を読みましょう。ノートに書きましょう。**本時の学習内容の提示**（題名と作者名を大きくはっきり板書する。）

2 〔指示〕先生が文章を読みます。皆さんは教科書を見ながら聞きましょう。**第一場面の範読**（1分間に400～450字程度の速さで、淡々と読み、難語句も説明する。）

3 〔発問〕読み方が分からない文字がありましたか。**読み方の確認**（「坊っちゃん」のリズム感のある文体に慣れるようにする。）

4〔指示〕「……死ぬまで消えぬ。」の下に「一場面」と書きましょう。小説の構成を意識させる
5〔指示〕一場面をそろえて読みましょう「親譲りの……」ハイ（1分6秒）。一斉音読（句読点は語句・文を見やすく区切る記号のため、音読では句読点で息継ぎをしないで、すらすらと読む。一斉音読を指導すると、難しい漢熟語の正しい読み方と同時に、読みの速さ、リズムが身につく。）

6〔指示〕途中でひっかかりましたね。他の人の声を聞きながら、もう一度、読みましょう。「親譲りの……」ハイ（1分6秒）。一斉音読（一斉音読は読み誤りや、そろわないとき、そこで止めてから読み直させる。）

7〔説明〕上手に読めました。一斉音読の評価（一斉音読の後は必ず褒める。）

8〔説明〕一場面は「親譲りの無鉄砲」と名前をつけます。場面の名づけ（一場面と七場面は名前をつけるのが難しいため、授業者がつけるとよい。）

9〔指示〕二場面から皆さんだけでそろえて読みましょう。「庭を東へ……」ハイ（2分10秒）。第二場面の一斉音読（中学2年は範読をなくして、すぐに一斉音読を行えるが、学級の実態に応じて範読を入れる。）

10〔説明〕先生が読まなくても、そろっていました。一斉音読の評価
11〔指示〕二場面に周りの人と話し合いながら名前をつけて、発表しましょう。小説の構成を意識させる（黒板の左側に発表内容を授業者が書き出していく。）挙手で決めていきましょう。この案に賛成の人は手を挙げましょう。（以下、同様に挙手をする。）解答例：二場面「少年時代のいたずらやけんか」

12〔三から六場面は同様に、一斉音読後、11〔指示〕を行う。七場面は授業者が「清との別れ」と名前をつける。〕解答例：三場面「坊っちゃんの家族」四場面「清の愛」五場面「父の死と坊っちゃんの進学」六場面「坊っちゃんの就職」

13〔指示〕（ノートへの記入後）学習したことを思い出しながら、一と七場面をそろえて読みましょう。「親譲りの……」ハイ（7分15秒）。上手に読めました。一斉音読（学習の最後に行う一斉音読はまとめの学習になる。授業者の説明・解説は入れない方がよい。）

14〔説明〕この時間は「坊っちゃん」を声に出して読み、場面に名前をつけました。学習の意義

15〔説明〕次の時間は、小説前半の課題を話し合います。次時の予告

(3) 第1時の授業評価……小説を一斉音読して、音読の仕方を身につけている。

6 第2時の学習

(1) 第2時の学習目標……前半部のいくつかの課題を考え、話し合っている。

(2) 第2時の主な発問・指示・説明

1〔説明〕今日は「坊っちゃん」の一から三場面を話し合います。本時の学習内容の提示

2〔発問〕（一場面の一斉音読後）会話に鉤括弧をつけます。いくつありますか。会話（以下、課題は周りの人と話し合いながら、生徒のつぶやきや、指名等で授業を進める。）解答：7か所

3〔指示〕坊っちゃんの無鉄砲な行動を2か所探し、傍線を引きましょう。人物描写 解答「学校の

二階……腰を抜かしたことがある」「右の手の親指の甲をはすに切り込んだ」

4〔指示〕「二階ぐらいから飛び降りて腰を抜かすやつがあるか」と、父親は坊っちゃんに言いましたが、普通はどのような言い方をしますか。会話 解答例：そんな危ないことをするものではない。大きなけがをしていたらどうするのだ。

5〔指示〕（二場面の一斉音読後）坊っちゃんはけんかが上手です。それが分かるところを探し、傍線を引きましょう。人物描写 解答「勘太郎を垣根へ……倒してやった」

6〔指示〕坊っちゃんのいたずらを2か所探し、四角い枠で囲みましょう。人物描写 解答「大工の兼公と……踏み潰されてしまった」「古川の……すんだようである」

7〔発問〕（三場面の一斉音読後）会話に鉤括弧をつけます。いくつありますか。会話 解答：5か所

8〔指示〕坊っちゃんの家族に対する見方が分かるところを探し、傍線を引きましょう。人物像 解答例：父「ちっとも俺をかあいがってくれなかった」「何にもせぬ男」 母「兄ばかりひいきにしていた」 兄「やに色が白くって、……好きだった」「ずるい……けんかをしていた」

9〔説明〕（ノートへの記入と一から三場面の一斉音読後）この時間は小説の前半を学習しました。学習の意義

10〔説明〕次の時間は小説の後半を学習します。次時の予告

(3) 第2時の授業評価……前半部の課題を話し合い、人物像や人物描写、会話等に気づいている。

7 第3時の学習

(1) 第3時の学習目標……後半部のいくつかの課題を考え、話し合っている。

(2) 第3時の主な発問・指示・説明

1〔説明〕今日は「坊っちゃん」の四から七場面を話し合います。本時の学習内容の提示

2〔指示〕（四場面の一斉音読後）清が坊っちゃんを褒めている言葉を探し、傍線を引きましょう。会話 解答「あなたは……よいご気性だ」「それだからいいご気性です」

3〔発問〕坊っちゃんが清から貰ったものをノートに書きましょう。語り 解答例：きんつば、紅梅焼き、そば湯、鍋焼きうどん、靴足袋、鉛筆、帳面、三円

4〔指示〕坊っちゃんが公平で間違ったことが嫌いだと分かるところを探し、傍線を引きましょう。人物像 解答「俺は何が嫌いだといって……嫌いなことはない」

5〔発問〕清は坊っちゃんの性格を気に入って「かあいがって」くれましたが、性格の他に「かあいがっ」た理由をノートに書きましょう。心理的表現 解答例：母も亡くなり、父や兄からもかわいがられず孤独だったから。自分の薄幸な人生と重なるから。

6〔指示〕（五場面の一斉音読後）坊っちゃんの欲が少ないことが分かるところを探し、傍線を引きましょう。人物像 解答「家屋敷は……いっこう知らぬ」

7〔指示〕（六場面の一斉音読後）坊っちゃんが行き当たりばったりで人生を歩んでいることが分か

るところを2か所探し、傍線を引きましょう。人物像 解答「幸い物理学校の……手続きをしてしまった」「もっとも教師以外に……即席に返事をした」

8〔指示〕（七場面の一斉音読後）清が甥の家で待遇がよくなかったことが分かるところを探し、傍線を引きましょう。語り 解答「北向きの三畳に風邪をひいて寝ていた」

9〔指示〕坊っちゃんが家は持たず、田舎へ行くと知ったとき、清は混乱し落胆しています。そのときの仕草を探し、傍線を引きましょう。人物描写 解答「ごま塩のびんの乱れをしきりになでた」

10〔指示〕四国に行く坊っちゃんに、清の悲しみや寂しさ、失望が表れている会話を探し、傍線を引きましょう。会話 解答「もうお別れに……存分ごきげんよう」

11〔指示〕坊っちゃんは「もう大丈夫だろうと思って」と言っていますが、何がもう大丈夫なのか、次の三つの選択肢のうち、最も適切な説明を一つ選びましょう。①清がプラットフォームから去っていて、泣いても大丈夫だろう。②窓を開けて心地よい風にあたっても大丈夫だろう。③しばらく離れる東京の景色を窓から楽しんでも大丈夫だろう。心理的表現 解答①

12〔説明〕（ノートへの記入と四から七場面の一斉音読後）この時間は小説の後半を学習しました。学習の意義

13〔説明〕次の時間は感想を発表します。次時の予告

(3) 第3時の授業評価……後半部のいくつかの課題を話し合い、人物像や会話等に気づいている。

8 第4時の学習

(1) 第4時の学習目標……「坊っちゃん」の特徴や感想を話し合っている。
(2) 第4時の主な発問・指示・説明・板書計画

1〔説明〕今日は「坊っちゃん」の特徴や感想を話し合います。本時の学習内容の提示

2〔指示〕（全文の一斉音読後）登場人物を出てきた順にノートに書きましょう。呼び方に違いがあるときは、括弧に書きましょう。登場人物の確認（以下、書き上げた生徒5名が黒板に書く。異称も含め登場人物を列挙する。登場人物は会話をした人物とするため、大工の兼公、魚屋の角、古川、清の甥などは入れない。）解答例：板書を参照

3〔指示〕この作品は語り手である坊っちゃんが昔を振り返る回想形式で描かれています。そのことが分かるところを探し、傍線を引きましょう。語り 解答例「子供のときから損ばかりしている」「なるほどろくな者には……ばかりである」「何がだめなんだか……あったもんだ」「今となっては十倍にして……返せない」「今から考えるとばかばかしい」など

4〔指示〕清の献身的な愛情のありがたさに、坊っちゃんが気づいていないことが分かるところを探し、傍線を引きましょう。語り 解答例「少々気味が悪かった」「なぜあんなにかあいがるのかと……気の毒だと思った」「全く愛に溺れていたにちがいない」など

5〔指示〕ユーモラスな表現を探し、傍線を引きましょう。語り 解答例「いまだに親指は手に付い

ている」「これは命よりだいじな栗だ」「その晩母が山城屋に……取り返してきた」「ぜひ使え……うれしかった」など

6〔指示〕（ノートへの記入後）「坊っちゃん」の感想を発表しましょう。一人30秒ぐらいです。Aさんから、どうぞ。**感想の話し合い**（思いつかない生徒には「後で話します」と言うように伝える。生徒同士の発表が聞きやすいように、場面の名前を板書する。）

7〔説明〕様々な感想を発表することができて、すばらしかったです。これで「坊っちゃん」の学習を終わります。**学習の意義**

(3)　第4時の授業評価……「坊っちゃん」の特徴を確かめ、感想を話し合っている。

第4時の板書計画

坊っちゃん　　夏目　漱石

○登場人物
1 俺（君、こいつ、おまえ、きさま、乱暴者の悪太郎、あなた、坊っちゃん）
2 勘太郎　　3 おやじ（お父様）
4 母（おっかさん）　　5 兄（兄さん、お兄様）
6 清（ばあさん）　　7 物理学校の校長

○昔を語る振り返る回想形式
「子供のときから損ばかりしている」
「なるほどろくな者には……ばかりである」
「何がだめなんだか……あったもんだ」
「今となっては十倍にして……返せない」
「今から考えるとばかばかしい」など

○清の献身的な愛情のありがたさに気づいていない
「少々気味が悪かった」
「なぜあんなにかあいがるのかと……気の毒だと思った」
「全く愛に溺れていたにちがいない」など

○ユーモラスな表現
「いまだに親指は手に付いている」
「これは命よりだいじな栗だ」
「その晩母が山城屋に……取り返してきた」
「ぜひ使え……うれしかった」など

○感想
一場面―親譲りの無鉄砲
二場面―少年時代のいたずらやけんか
三場面―坊っちゃんの家族
四場面―清の愛
五場面―父の死と坊っちゃんの進学
六場面―坊っちゃんの就職
七場面―清との別れ

3年

故郷

東京書籍・三省堂・教育出版・光村図書

1 教材の特徴

(1) 「故郷」は魯迅自身を思わせる「私」を語り手とし、私小説に類似した手法で描かれている。魯迅も一九一九年に帰郷した後一家で北京へ移住し、その体験が題材になっていると考えられる。

(2) 「私」を主人公として、「私」の心情や思想を追究する授業があるが、「私」は「ルントウ」の半生を報告する者と捉え、「ルントウ」を中心人物とした読み方の方が生徒は理解しやすい。

(3) 「ルントウ」の三十年前と現在の人物像は服装、外観、動作等で鮮明に描かれ、その変化が劇的である。「ルントウ」の変化の過程に作品の主題が表現されている。

(4) 作品の舞台となる「故郷」の風景や家の様子等を目に見えるように描いている。

(5) 作品の終末は「私」の思想が表現され、ここは生徒が想像しにくく、「私」の思想を考える学習課題は高度な内容になる。

2 作品の構成

場面	場面の名づけ	場面の区切り
一	二十年ぶりの「私」の帰郷	「厳しい……来るかもしれない。」
二	三十年前のルントウ	「このとき突然、……機会はなかった。」
三	ヤンおばさんの今と昔	「今、母の口から……四、五日潰れた。」
四	現在のルントウ	「ある寒い日の……連れて帰っていった。」
五	引っ越しと離郷	「それから……道になるのだ。」

3 学習目標

(1) 繰り返し音読して、音読の仕方を理解している。
(2) 学習を通して、描写の読み方に気づいている。
(3) 話し合いを通して、人物像の変化を確認している。

4　学習計画（4時間扱い）

「第1時」(1)　全文を一斉音読して、場面ごとに名前をつける。
「第2時」(2)　前半部のいくつかの課題を考え、話し合う。
「第3時」(3)　後半部のいくつかの課題を考え、話し合う。
「第4時」(4)　人物像の変化や、作品全体の感想を話し合う。

5　第1時の学習

(1)　第1時の学習目標……文章をすらすらと一斉音読し、場面に適切な名前をつけている。
(2)　第1時の主な発問・指示・説明

1〔指示〕今日から魯迅が書いた「故郷」を学習します。題名と作者名を読みましょう。ノートに書きましょう。本時の学習内容の提示（題名と作者名を大きくはっきり板書する。）

2〔指示〕先生が文章を読みます。皆さんは教科書を見ながら聞きましょう。第一場面の範読（1分間に400～450字程度の速さで、淡々と読み、難語句も説明する。）

3〔発問〕読み方が分からない文字がありましたか。読み方の確認（「故郷」の文章は竹内好の翻訳で漢語の多い文体である。生徒には難しく、苦手な文体で読みこなすのに苦労する。）

4〔指示〕「……来るかもしれない。」の下に「一場面」と書きましょう。小説の構成を意識させる

5〔指示〕一場面をそろえて読みましょう「厳しい……」ハイ（3分10秒）。一斉音読（句読点は語句・文を見やすく区切る記号のため、音読では句読点で息継ぎをしないで、すらすらと読む。一斉音読を指導すると、難しい漢熟語の正しい読み方と同時に、読みの速さ、リズムが身につく。）

6〔指示〕途中でひっかかりましたね。他の人の声を聞きながら、もう一度、読みましょう。「厳しい……」ハイ（3分10秒）。一斉音読（一斉音読は読み誤りや、そろわないとき、そこで止めてから読み直させる。）

7〔説明〕すらすらとそろえて読めました。一斉音読の評価（一斉音読の後は必ず褒める。）

8〔説明〕一場面は「二十年ぶりの『私』の帰郷」と名前をつけます。場面の名づけ（一場面と五場面は名前をつけるのが難しいため、授業者がつけるとよい。）

9〔指示〕二場面から皆さんだけでそろえて読みましょう。「このとき突然、……」ハイ（5分40秒）。第二場面の一斉音読（中学3年は範読をなくして、すぐに一斉音読を行えるが、学級の実態に応じて範読を入れる。）

10〔説明〕先生が読まなくても、そろっていました。一斉音読の評価

11〔指示〕「……機会はなかった。」の下に「二場面」と書きましょう。小説の構成を意識させる

12〔指示〕二場面に周りの人と話し合いながら名前をつけて、発表しましょう。小説の構成を意識させる（黒板の左側に発表内容を授業者が書き出していく。）挙手で決めていきましょう。この案に賛成の人は手を挙げましょう。（以下、同様に挙手をする。）解答例：二場面「三十年前のルントウ」

13 （三、四場面は同様に、一斉音読後、12〔指示〕を行う。五場面は授業者が「引っ越しと離郷」と名前をつける。）解答例：三場面「ヤンおばさんの今と昔」四場面「現在のルントウ」

14 〔説明〕（ノートへの記入と一と五場面の一斉音読後）この時間は「故郷」を声に出して読み、場面に名前をつけました。**学習の意義**

15 〔説明〕次の時間は、小説前半の課題を話し合います。**次時の予告**

(3) 第1時の授業評価……小説を一斉音読して、音読の仕方を身につけている。

6 第2時の学習

(1) 第2時の学習目標……前半部のいくつかの課題を考え、話し合っている。

(2) 第2時の主な発問・指示・説明

1 〔説明〕今日は「故郷」の一、二場面を話し合います。**本時の学習内容の提示**

2 〔発問〕（一場面の一斉音読後）「私」は何をするために、二十年ぶりに故郷へ帰りましたか。**語り**（「報告」の文体に気づかせる発問である。以下、課題は周りの人と話し合いながら、生徒のつぶやきや、指名等で授業を進める。）解答：引っ越し

3 〔発問〕故郷は、帰郷した「私」を歓迎しましたか。**語り** 解答：歓迎しなかった

4 〔指示〕二十年で故郷が大きく変わり、この小説の結末を暗示している表現があります。四角い枠で囲みましょう。**情景描写**（帰郷した「私」のやるせない心境をよく表した文章である。）解答

「故郷に近づくにつれて、……横たわっていた」

5〔指示〕わびしく活気がない家の様子が分かる表現はどこですか。四角い枠で囲みましょう。情景描写　解答「屋根には一面に枯れ草のやれ茎が、……説き明かし顔である」

6〔発問〕「古い家が……説き明かし顔である」とありますが、この文章の役割は次の三つの選択肢のうち、どれが最も適切ですか。情景描写（情景描写を説明する学習は高度であるため、生徒は選択肢で考える。）①手入れをしていない家の状態を示している。②家を他人に売るほど経済的に困窮している。③家族が離散し、老人だけが残っている。解答②

7〔指示〕（一場面の一斉音読後）十一、十二歳の少年だったルントウの外側からの様子がよく分かる表現を探し、四角い枠で囲みましょう。人物描写（少年の「私」には英雄に見えた、少年ルントウの描写を取り出す。）解答「艶のいい……首輪をはめていた」

8〔指示〕ルントウは「私」の知らないどのような世界を知っていたか、短い言葉で探し、傍線を引きましょう。人物描写（「私」の憧れを端的に取り出す。）解答例：小鳥の捕獲、貝殻拾い、すいかの番、跳ね魚

9〔発問〕海辺が自由で楽しい世界であるなら、対照的に描かれている世界とは何ですか。情景描写（8〔指示〕と対になる発問である。）解答「高い塀に囲まれた中庭からの四角な空」

10〔説明〕（ノートへの記入と一、二場面の一斉音読後）この時間は小説の前半を学習しました。学習の意義

11〔説明〕次の時間は小説の後半を学習します。次時の予告

(3) 第2時の授業評価……前半部の課題を話し合い、情景描写や人物描写等に気づいている。

7 第3時の学習

(1) 第3時の学習目標……後半部のいくつかの課題を考え、話し合っている。

(2) 第3時の主な発問・指示・説明

1 〔説明〕今日は「故郷」の三から五場面を話し合います。本時の学習内容の提示

2 〔指示〕(三場面の一斉音読後)ヤンおばさんの過去の様子を探し、四角い枠で囲みましょう 心理的表現 解答「筋向かいの豆腐屋に、……薄くはなかったはずだ」

3 〔指示〕ヤンおばさんの現在の様子とその行動をそれぞれ探し、四角い枠で囲みましょう。人物描写(ヤンおばさんの過去は「私」の回想であるが、現在は人物の外観を描いている。)解答:現在「頬骨の出た、唇の……コンパスそっくりだった」行動「行きがけの駄賃に、……ねじ込んで」

4 〔発問〕ヤンおばさんは「私」をどのように言い表していますか。会話(人物描写で会話は重要な技法である。)解答例:身分のあるお方、金持ち、知事様

5 〔発問〕ヤンおばさんの言い方に隠されている意味は、次のうちどれですか。会話(会話の意味を考える発問である。大人の社会の事情だから、ヤンおばさんの心情は生徒が説明しない方がよい。)①貧乏人のひがみ ②尊敬の気持ち ③身分違いの悲しみ 解答①

6 〔指示〕(四場面の一斉音読後)ルントウの現在の様子を外側から描いた表現を探し、四角い枠で

囲みましょう。人物描写 解答「背丈は倍ほどになり、……手である」

7〔指示〕ルントウが生活に苦しんでいる様子を四角い枠で囲みましょう。会話・人物描写 解答「『冬場は、……たばこをふかした」

8〔指示〕「私」がルントウの変化に愕然としている様子を四角い枠で囲みましょう。心理的表現 解答「私は身震いしたらしかった。……口がきけなかった」

9〔指示〕五場面をそろえて読みましょう。「それから……」ハイ（4分3秒）。一斉音読（五場面は一斉音読で学習を終える。）

10〔説明〕（ノートへの記入と三から五場面の一斉音読後）この時間は小説の後半を学習しました。学習の意義

11〔説明〕次の時間は人物像を考え、感想を発表します。次時の予告

(3) 第3時の授業評価……後半部のいくつかの課題を話し合い、人物描写等に気づいている。

8 第4時の学習

(1) 第4時の学習目標……人物像の変化や感想を話し合っている。

(2) 第4時の主な発問・指示・説明・板書計画

1〔説明〕今日は「故郷」の人物像の変化や感想を話し合います。本時の学習内容の提示

2〔指示〕（二から四場面の一斉音読後）登場人物を出てきた順にノートに書きましょう。呼び方に

違いがあるときは、括弧に書きましょう。**登場人物の確認**（以下、書き上げた生徒5名が黒板に書く。異称も含め登場人物を列挙する。登場人物は会話をした人物とするため、ルントウの五歳になる女の子は入れない。）解答例：板書を参照

3〔指示〕ルントウの過去と現在の様子をまとめます。①外見、②「私」の呼び方、③ルントウへの名づけ、④贈り物の4点をノートに書きましょう。**人物像の変化** 解答例：板書を参照

4〔指示〕ルントウが変化したきっかけを文章から探し、ノートに書きましょう。**人物像の変化の理由**（人物像の変化の理由を考える発問である。）解答例：板書を参照

5〔指示〕（ノートへの記入後）「故郷」の感想を発表しましょう。一人30秒ぐらいです。Aさんから、どうぞ。**感想の話し合い**（思いつかない生徒には「後で話します」と言うように伝える。生徒同士の発表が聞きやすいように、場面の名前を板書

―第4時の板書計画―

故郷　魯迅

○登場人物
1 私（自分、おまえ、僕、シュンちゃん、あんた、旦那様、伯父さん）
2 母（御隠居様）　3 ホンル（僕）
4 ルントウ（あれ、彼、おいら、ルンちゃん、父親）
5 ヤンおばさん（豆腐屋小町、彼女　あたし）
6 シュイション（これ）

○ルントウの変化
過去の様子
①外見―艶のいい丸顔・小さな毛織りの帽子・きらきら光る銀の首輪
②「私」の呼び名―シュンちゃん、おまえ
③ルントウへの「名づけ」―小英雄
④贈り物―貝殻を一包みと、美しい鳥の羽を何本か
←きっかけ（子だくさん、凶作、重い税金、兵隊、匪賊、役人、地主）
現在の様子
①外見―背丈は倍ほど・黄ばんだ色の顔、深いしわ・目の周りが赤く腫れている・古ぼけた毛織りの帽子・薄手の綿入れ一枚・太い、節くれだった、しかもひび割れた、松の幹のような手
②「私」の呼び名―旦那様
③ルントウへの「名づけ」―でくのぼうみたいな人間
④贈り物―青豆の干したの

○感想
一場面―二十年ぶりの「私」の帰郷
二場面―三十年前のルントウ
三場面―ヤンおばさんの今と昔
四場面―現在のルントウ
五場面―引っ越しと離郷

する。）

6〔説明〕皆さんがいろいろな感想をもっていることが分かって、とても興味深かったです。これで「故郷」の学習を終わります。**学習の意義**

(3) 第4時の授業評価……人物像の変化を確かめ、感想を話し合っている。

3年

最後の一句

東京書籍

1 教材の特徴

(1) 「最後の一句」は「いち」が父の助命の嘆願を決意し、弟妹とともに奉行に願い出るという作品で、人物像が固定的であり、各人物の役割が明確である。そこに官僚批判が込められている。

(2) 与力は「いち」の対応を上役に任せ、佐佐は決定どおり死刑の遂行を考えている。その一方、「いち」は命乞いの方策を立て奉行に伺い、取り調べで脅す佐佐に冷ややかに答えている。「いち」には決断力と弟妹を主導する力がある。佐佐と「いち」の会話から役人の愚かさと「いち」の賢さや冷静さとが対照的に描かれ、会話による人物描写が巧みである。

(3) 「夜回りのじいさん」は物分かりのいい人であり、奉行所の場所を子どもに教える。子どもに真摯に応じる市井の人の賢さが描かれ、役人の無能さが助長されている。

(4) 「いち」の「最後の一句」には権威への反抗が表れている。語り手の「献身のうちに潜む反抗の矛先」とともに着目すると、権威への批判を探究することができる。

2　作品の構成

場面	場面の名づけ	場面の区切り
一	太郎兵衛入牢後の家族の様子	「元文三年……おばあ様の話を聞いていた。」
二	太郎兵衛が死罪となった経緯	「桂屋にかぶさってきた……なったのである。」
三	命乞いの願書を奉行所に差し出すいち	「平野町のおばあ様が……玄関に入った。」
四	いちの願書受理の相談	「西町奉行の佐佐は、……顧みて言った。」
五	いちの申し立て	「十一月二十四日の……胸をも刺した。」
六	追放の刑となった太郎兵衛	「城代も両奉行も……中絶していたのである。」

3　学習目標

(1)　繰り返し音読して、音読の仕方を理解している。
(2)　学習を通して、描写の読み方に気づいている。
(3)　話し合いを通して、人物像を確認している。

4　学習計画（4時間扱い）

「第1時」(1)　全文を一斉音読して、場面ごとに名前をつける。

「第2時」(2)　前半部のいくつかの課題を考え、話し合う。

「第3時」(3)　後半部のいくつかの課題を考え、話し合う。

「第4時」(4)　人物像や、作品全体の感想を話し合う。

5　第1時の学習

(1)　第1時の学習目標……文章をすらすらと一斉音読し、場面に適切な名前をつけている。
(2)　第1時の主な発問・指示・説明

1〔指示〕今日から森鷗外が書いた「最後の一句」を学習します。題名と作者名を読みましょう。ノートに書きましょう。本時の学習内容の提示（題名と作者名を大きくはっきり板書する。）

2〔指示〕先生が文章を読みます。皆さんは教科書を見ながら聞きましょう。第一場面の範読（1分間に400～450字程度の速さで、淡々と読み、難語句も説明する。）

3〔発問〕読み方が分からない文字がありましたか。読み方の確認（「最後の一句」は漢語が多い文体のため、生徒にとって相当難しい。）

4〔指示〕「……聞いていた。」の下に「一場面」と書きましょう。小説の構成を意識させる

5〔指示〕一場面をそろえて読みましょう。「元文三年……」ハイ（4分17秒）。一斉音読（句読点は語句・文を見やすく区切る記号のため、音読では句読点で息継ぎをしないで、すらすらと読む。一斉音読を指導すると、難しい漢熟語の正しい読み方と同時に、読みの速さやリズムが身につく。）

6〔指示〕途中でひっかかりましたね。他の人の声を聞きながら、もう一度、読みましょう。「元文三年……」ハイ（4分17秒）。一斉音読（一斉音読は誤りや、そろわないとき、そこで止めてから読み直させる。）

7〔説明〕すらすらとそろえて読めました。一斉音読の評価（一斉音読の後は必ず褒める。）

8〔説明〕一場面は「太郎兵衛入牢後の家族の様子」と名前をつけます。場面の名づけ（一場面と六場面は名前をつけるのが難しいため、授業者がつけるとよい。）

9〔指示〕二場面から皆さんだけでそろえて読みましょう。「桂屋に……」ハイ（1分52秒）。第二場面の一斉音読（中学3年は範読をなくしてすぐに一斉音読を行えるが、学級の実態に応じて範読を入れる。）

10〔説明〕先生が読まなくても、そろっていました。一斉音読の評価

11〔指示〕「……なったのである。」の下に「二場面」と書きましょう。小説の構成を意識させる

12〔指示〕二場面に周りの人と話し合いながら名前をつけて、発表しましょう。小説の構成を意識させる（黒板の左側に発表内容を授業者が書き出していく。）挙手で決めていきましょう。この案に賛成の人は手を挙げましょう。（以下、同様に挙手をする。）解答例：二場面「太郎兵衛が死罪と

なった経緯」
13〔三から五場面は同様に、一斉音読後、12〔指示〕を行う。六場面は授業者が「追放の刑となった太郎兵衛」と名前をつける。〕解答例：三場面「命乞いの願書を奉行所に差し出すいち」四場面「いちの願書受理の相談」五場面「いちの申し立て」
14〔発問〕六場面と対応している場面はどこですか。小説の構成〔本作は罪状の説明から始まり刑の執行で締めくくる。作品の冒頭と終末は簡潔で伝承物語の構成と類似している。〕解答：一場面
15〔説明〕〔ノートへの記入と一と六場面の一斉音読後〕この時間は「最後の一句」を声に出して読み、場面に名前をつけました。学習の意義
16〔説明〕次の時間は、一場面から四場面の課題を話し合います。次時の予告
(3)　第1時の授業評価……小説をすらすらと一斉音読して、場面に適切な名前をつけている。

6　第2時の学習

(1)　第2時の学習目標……前半部のいくつかの課題を考え、話し合っている。
(2)　第2時の主な発問・指示・説明
1〔説明〕今日は「最後の一句」の一から四場面を話し合います。本時の学習内容の提示
2〔発問〕〔一場面の一斉音読後〕作品で描かれている時代はいつですか。語り〔以下、課題は周りの人と話し合いながら、生徒のつぶやきや、指名等で授業を進める。〕解答：江戸時代〔元文三年〕

3〔指示〕桂屋太郎兵衛の罪状を四角い枠で囲みましょう。語り 解答「大阪で、……斬罪に処する」

4〔発問〕太郎兵衛の家族が、罪状を平野町のおばあ様から聞いたのはなぜですか。語り 解答例：二年ほど、ほとんど全く世間との交通を絶って暮らしていたから。

5〔指示〕二年ほどの間、太郎兵衛の女房は現実に対応していません。それが分かる行動を2か所探し、傍線を引きましょう。人物描写 解答「女房は……泣いているのである」「女房は……言って泣いた」

6〔指示〕いちが父の罪状を知ったときの行動に傍線を引きましょう。人物描写（いちはこのとき何を考えたかを生徒に話し合わせることもできる。）解答「長女のいちは、……聞いていた」

7〔発問〕（二場面の一斉音読後）太郎兵衛の罪を簡単に説明しましょう。語り（処刑決定の経緯を簡単に整理する。）解答例：半難船で残った積み荷の米を売った金を受け取った。

8〔指示〕（三場面の一斉音読後）父の命乞いの方策のうち、いちの賢さがよく表れているところを2か所探し、傍線を引きましょう。会話（いちが初めて会話をし、的確に判断している場面である。）解答「代わりに……殺してくださいと言って頼む」「長太郎だけは……書いておく」

9〔指示〕夜回りのじいさんは奉行所の場所を子どもに丁寧に教えます。人情味に溢れる様子を探し、四角い枠で囲みましょう。人物描写（庶民の賢さに気づかせる。）解答「じいさんは……くれた」

10〔指示〕門番はいちの態度が幕府を軽んじていると思っています。それが分かる会話に傍線を引きましょう。会話（下っ端である門番の横柄な様子に気づかせる。）解答「けしからん。……帰れ。」

11〔指示〕いちが上下関係にとらわれず、自由に行動している様子を3か所探し、傍線を引きましょう。人物描写（自分の意思を行動に移し、貫こうとしている現代的な人物像に気づかせる。）解答「いちは門の前にしゃがんだ」「いちが先に立って……続いた」「そこにうずくまって、……差し付けた」

12〔指示〕上役に判断を任せようとする、与力の無責任な様子を探し、四角い枠で囲みましょう。人物描写（与力の無能ぶりに気づかせる。）解答「与力は同役の……異議がなかった」

13〔発問〕（四場面の一斉音読後）「それは目安箱をも……内見しよう」に隠れている佐佐の本心はAとBのどちらですか。会話（形式を重んじ、何事もなく死刑が執行されることを切望している官僚の実態に気づかせる。）A．お上の言う通り、下々の考えも聞かないといけない。B．お上の考えに従ったという形式を整えておかないといけない。解答：B

14〔指示〕いちの賢さや孝心を理解していない佐佐や太田の会話や行動を1か所ずつ探し、傍線を引きましょう。会話・人物描写 解答：会話「佐佐は、……命じた」行動「情偽が……手段である」

15〔説明〕（ノートへの記入と一から四場面の一斉音読後）この時間は一から四場面を学習しました。学習の意義

16〔説明〕次の時間は五、六場面と人物像を学習します。学習の意義

(3) 第2時の授業評価……前半部の課題を話し合い、会話や人物描写等の効果に気づいている。

7　第3時の学習

(1)　第3時の学習目標……後半部のいくつかの課題を考え、話し合っている。

(2)　第3時の主な発問・指示・説明

1 〔説明〕今日は「最後の一句」の五、六場面を話し合います。本時の学習内容の提示

2 〔指示〕（五場面の一斉音読後）母の尋問の様子を四角い枠で囲みましょう。また、母はいちの行動を理解し、いちを支えていますか。会話・人物描写（状況を把握できず、頼りにならない親を具現化している。）解答「名を問われ、……申し立てない」　いちの行動を理解できず、支えていない。

3 〔発問〕いちの取り調べに対する受け答えの様子を四角い枠で囲みましょう。また、受け答えが箇条書きである効果はAからCのうち、どれですか。会話（記録の文章により臨場感が増す効果があり、母親との対比も鮮明になる。）A．いちの話が長かったので短くしている。B．緊迫した雰囲気を出している。C．弟妹の愛らしさを強調している。解答「これはちとの……答えた」、B

4 〔指示〕弟妹のまつ、長太郎、とく、初五郎の尋問の様子のうち、性格をよく表した一文をそれぞれ探し、傍線を引きましょう。会話・人物描写（弟妹の受け答えの異なる反応から、弟妹の人物像をイメージすることができる。）解答：まつ「いちが……役人を見た」　長太郎「『みんな死に……はっきり答えた」　とく「とくは……たまってきた」　初五郎「ようよう……かぶりを振った」

5〔指示〕佐佐が力で解決しようとしていることが分かる会話を2か所探し、四角い枠で囲みましょう。会話（佐佐が権力で事案を解決しようと目論む愚かな人物であることに気づかせる。）解答「おまえの……責めさせるぞ」「そんなら……いいか」

6〔指示〕語り手が急な登場によって現在から江戸時代を俯瞰している表現を探し、四角い枠で囲みましょう。語り 解答「元文頃の徳川家の役人は、……無理もない」

7〔発問〕（六場面の一斉音読後）太郎兵衛の最終的な刑の執行に傍線を引きましょう。減刑となったのは奉行所がいちの言動に心を動かされたからですか。語り（「元始的な機関が自然に活動」や「大嘗会」の執行とあるため事務的に処理されている。）解答「追放」、役人は形式的に願書を処理した。

8〔発問〕いちの言う「お上のことには間違いはございますまいから。」とは、何を表しているか、話し合いましょう。会話・人物像（語り手が言う「献身のうちに潜む反抗の矛先」に着目させることもできる。）解答例：無能な役人を揶揄している（からかっている）、嘲笑、皮肉、官僚批判

9〔説明〕（ノートへの記入と五、六場面の一斉音読後）この時間は五、六場面を学習しました。学習の意義

10〔説明〕次の時間は感想を話し合います。次時の予告

(3) 第3時の授業評価……後半部の課題を話し合い、会話や人物描写等の効果に気づいている。

8　第4時の学習

(1)　第4時の学習目標……人物像や作品の感想を話し合っている。
(2)　第4時の主な発問・指示・説明・板書計画

1〔説明〕今日は「最後の一句」の感想を話し合います。本時の学習内容の提示
2〔指示〕作品全体を一人一人が黙読しましょう（16分54秒）。黙読　最後までよく読み通しました。
3〔指示〕登場人物を、作品に出てきた順にノートに書きましょう。呼び方に違いがあるときは、括弧に書きましょう。登場人物の確認（以下、書き上げた生徒5名が黒板に書く。異称も含め列挙させる。登場人物は会話をした人物とする。）解答例：板書を参照
4〔発問〕おばあ様、女房、弟妹四人、夜回りのじいさん、与力、佐佐、太田、いちについて、各人物のイメージを話し合い、ノートに一言で書きしょう。人物像（他の人物との比較により、いちの人物像が鮮明に浮かび上がる。）解答例：おばあ様（愛情深い、世間通）、女房（現実に対応できない、あてにならない）、弟妹四人（幼い、無邪気）、夜回りのじいさん（賢い、人情味に溢れている）、与力（無責任）、佐佐（形式主義、無能）、太田（権威主義）、いち（賢い、自由、現代人）
5〔指示〕（ノートへの記入後）「最後の一句」の感想を発表しましょう。一人30秒ぐらいです。Aさんから、どうぞ。感想の話し合い（思いつかない生徒には「後で話します」と言うように伝える。生徒同士の発表が聞きやすいように、場面の名前を板書する。）

6〔説明〕皆さんがいろいろな感想をもっていることが分かって、とても興味深かったです。これで「最後の一句」の学習を終わります。**学習の意義**

(3) 第4時の授業評価……人物像や感想を話し合っている。

―第4時の板書計画―

最後の一句　　森　鷗外

○登場人物
1 桂屋太郎兵衛（主人、お父っさん、父親）
2 平野町のおばあ様（太郎兵衛が女房の母、白髪頭の媼、母、祖母）〈愛情深い。世間通〉
3 女房（おっ母様、母）〈現実に対応できない、あてにならない〉
4 いち（姉さん、私、おまえ、桂屋太郎兵衛の子、しぶいやつ、年上の娘、情の剛い娘、痩せ肉の小娘、姉、生い先の恐ろしい者、変な小娘、孝女）〈賢い、自由、現代人〉
5 まつ（まつさん、妹娘）〈幼い、無邪気〉
6 長太郎（あれ、おまえ、おいら、長さん、私）
7 とく　8 初五郎　9 新七
10 夜回りのじいさん〈賢い、人情味に溢れている〉
11 門番の男（四十がっこうの男）
12 真っ先にいる与力（宿直の与力、前の与力）〈無責任〉
13 西町奉行の佐佐（お奉行様、佐佐又四郎成意）〈形式主義、無能〉
14 同役の稲垣（稲垣淡路守種信）
15 太田備中守資晴（城代、太田）〈権威主義〉
16 取調役

○感想
一場面―太郎兵衛入牢後の家族の様子
二場面―太郎兵衛が死罪となった経緯
三場面―命乞いの願書を奉行所に差し出すいち
四場面―いちの願書受理の相談
五場面―いちの申し立て
六場面―追放の刑となった太郎兵衛

おわりに

本書は、論理的文章と文学的文章とは異なる性質であるため、教え方が違うという点を重視し、中学校国語科の読み方指導の全体を簡潔に示している。二〇二三年六月に刊行した『小学校国語　論理的に考える子どもを育てる説明文・文学の読み方指導』の中学校版である。小学校版と同様の指導方針によって、小・中学校を通して一貫した読み方指導を提案したつもりである。

中学校の教科は教科書の文章が読めないと、学習内容を理解できず、定着も図りにくい。しかしながら、教科書教材をよく読めない生徒が学級の3分の1程度存在するのが、公立中学校の現状である。そこで、国語科で授業時数が最も多い「読むこと」の授業改善が必須だと考えた。4時間扱いの定番教材の読み方指導を、発問等をセリフによる記述で若手の先生方がイメージしやすいように記述した。

明治図書・林知里様には、本書の意義を小学校版に引き続き認めていただいた。本書の企画や構想、形式をはじめとして、多大なお力をいただくことで、出版に至った。心から深く感謝申し上げる。

本書は、恩師である市毛勝雄先生（一九三二～二〇一七年）が提唱された「はじめ・なか・まとめ・むすび」という構成（『説明文の読み方・書き方』一九八五年、明治図書）及び描写（『文学教材の授業改革論』一九九七年、明治図書）を理論的な根拠にしている。

本書に載せた教え方で学習した後、生徒が「国語は分かる」と話すようになることを期待している。

二〇二四年五月

長谷川　祥子

【編著者紹介】

長谷川　祥子

青山学院大学教授。1987年埼玉大学教育学部卒業，2006年早稲田大学大学院教育学研究科博士後期課程満期修了。1987年から東京都公立学校教諭，2013年より北海道教育大学を経て，2017年より青山学院大学勤務。

加賀谷　いづみ　北海道札幌市立元町中学校

田邉　泰　青山学院大学

西山　明人　東京農業大学第三高等学校附属中学校

渡辺　真由美　埼玉県越谷市立武蔵野中学校

中学校国語　論理的に考える子どもを育てる
説明文・文学の読み方指導

2024年7月初版第1刷刊 ©編著者 長谷川 祥子
加賀谷 いづみ
田邉 泰
西山 明人
渡辺 真由美

発行者 藤原 光政

発行所 明治図書出版株式会社
http://www.meijitosho.co.jp
(企画)林　知里 (校正)粟飯原淳美
〒114-0023　東京都北区滝野川7-46-1
振替00160-5-151318　電話03(5907)6703
ご注文窓口　電話03(5907)6668

＊検印省略　組版所 広研印刷株式会社

Printed in Japan　ISBN978-4-18-229221-7

【執筆者一覧】

長谷川　祥子　青山学院大学
加賀谷　いづみ　北海道札幌市立元町中学校
田邉　泰　青山学院大学
西山　明人　東京農業大学第三高等学校附属中学校
渡辺　真由美　埼玉県越谷市立武蔵野中学校
飯島　珠来　埼玉県鶴ヶ島市立西中学校
岩口　翼　湘南学園中学校高等学校
小川　智勢子　環太平洋大学
木下　由梨　北海道札幌市立北小学校
髙橋　翔太　北海道教育大学附属札幌中学校
西山　悦子　東京都台東区立田原小学校